U0960916

勘察设计行业会计实务操作指南

张大明　尹　毅　编著

中国财政经济出版社

图书在版编目（CIP）数据

勘察设计行业会计实务操作指南/张大明，尹毅编著．—北京：中国财政经济出版社，2010.3

ISBN 978-7-5095-2022-2

Ⅰ．勘…　Ⅱ．①张…②尹…　Ⅲ．基本建设会计—指南
Ⅳ．F285-62

中国版本图书馆CIP数据核字（2010）第024798号

责任编辑：宋学军等　　　　责任校对：徐艳丽

中国财政经济出版社 出版

URL：http：//ckfz. cfeph. cn

E-mail：ckfz @ cfeph. cn

（版权所有　翻印必究）

社址：北京市海淀区阜成路甲28号　邮政编码：100142

发行处电话：88190406　财经书店电话：64033436

北京财经印刷厂印刷　各地新华书店经销

880×1230毫米　32开　9.125印张　241 000字

2010年3月第1版　2010年3月北京第1次印刷

印数：1—4 060　定价：20.00元

ISBN 978-7-5095-2022-2/F·1992

（图书出现印装问题，本社负责调换）

本社质量投诉电话：010-88190744

序　一

在改革开放30多年中，勘察设计行业由工业、建筑、交通等行业的附属产业逐步发展成为一个独立的产业，并迅速崛起壮大。由于历史和体制等方面的原因，勘察设计行业的大部分企业是由原事业单位改企建制发展而来的，其会计核算原来执行的也是事业单位会计制度，直至改企建制后，随着财政部于1995年下发《关于勘察设计企业执行新财务制度若干问题的通知》与《勘察设计企业财务制度讲座》，勘察设计行业才开始执行企业财务会计制度。

自2007年执行新《企业会计准则》后，国内各行业和大型企业集团都在结合行业和企业自身的特点，制定具体的会计政策与核算办法。由北京市建筑设计研究院这一行业中的龙头企业的资深财务专家张大明、尹毅二位同志编写的《勘察设计行业会计实务操作指南》一书，是在深入理解新《企业会计准则》理论体系的基础上，结合行业会计核算的特点，以科学、务实的学术精神编著的一部勘察设计行业会计实务工具书。我在看了这本行业指导用书后，感到非常高兴，觉得这本书编得及时，具有较高的应用价值，而且为两位年轻学者能够在繁忙的工作之余，理论联系实际，对企业会计准则在特殊行业的应用方面做些大胆而有益的探索，击掌称好！从总体上看，这本书具有以下几大特点：

一是准确把握了《企业会计准则》的主要精神和核心原则。该书作者紧密结合勘察设计行业的业务需要，在吃透理解企业会计准则有关资产、负债、收入、费用等会计要素和具体会计准则的基本核算原则的基础上，准确地将其应用于勘察设计行业的会计实务处理，保持了与企业会计准则的高度一致性，有助于企业会计准则的贯彻落实。

二是充分考虑了勘察设计行业的业务特征与管理需要。勘察设计行业是一个智力密集型的特殊行业，其取费过程是按照工程从投标、初设、施工图、现场和后期服务等阶段执行的，因此，其收入的确认和成本费用的核算与管理有其特殊性。本书作者对这一行业有多年的实务经验，在本书的撰写过程中也充分考虑这些行业特殊性，比如，勘察设计企业在确认营业收入时，要按照权责发生制的要求将企业收入和成本在不同阶段进行分段计量等，书中都有详细阐述，使得本书具有很强的针对性。

三是列举了大量的业务实例，可操作性和指导性强。该书中共有涉及各章节经济业务例题47道，这47道例题全部出自该行业实际发生的经济业务，不但突出了行业特点，还具有非常鲜明的指导作用。该书的突出特点不但体现在大量的实务例题讲解，在会计核算方面，从会计科目的一级核算到辅助核算都作了详细的划分，既可满足该行业中小企业的应用，也可用于大型设计企业集团的会计核算，达到了实务工具书有用、可操作的目的。

《勘察设计行业会计实务操作指南》凝聚了作者大量的心血，是一部会计理论与实践经验高度结合的作品，其出版发行将进一步提升勘察设计行业内各企业会计信息的真实性、可比性和可集成性，为统一勘察设计企业的会计核算标准，规范会计核算行为，全面提高会计信息质量，贯彻落实会计法和会计准则必将起到十分积极的作用。正是基于上述原因，看到会计行业中的年轻学者能够勤于笔耕，求实创新，撰著并出版具有较高实用价值的工具书，我欣然接受邀请，为之作序。

理论源于实践，并用于指导实践。我衷心祝愿广大财会工作者，以科学发展观为统领，不断学习新思想、新理论，从实际出发，理论联系实际，争创佳绩，为全面提升我国会计工作水平作出贡献！

财政部会计司司长、教授、博士生导师

2009年12月

序　二

今年年初，我到北京开会，遇见本书作者之一——张大明先生，他向我介绍了北京市勘察设计行业按照北京市国资委规定于2009年1月1日起执行新《企业会计准则》的情况。为了方便行业会计人员理解和执行新准则，他有意同行业专家一同编写一部新准则实务操作应用指南方面的书籍。当时，我就表示赞同，也十分佩服这些年轻新秀们的勇气，但对他们能否在繁忙的工作之余，静心梳理、概括、总结、提升他们的思想和实务经验，还是有些许怀疑和担忧。没想到的是，几个月之后，我就拿到了这本书的手稿，我认真仔细地通读了一遍，发现内容翔实，行文流畅，看出此书作者张大明、尹毅两位同志在编撰此书过程中花费了大量心血，说明作者不仅理论功底扎实，对新准则理解透彻，而且具有丰富的企业实务工作经验，在该书的编写中突出反映行业特点，注重理论与实践紧密结合，特点十分鲜明，是有关行业会计著作中的佼佼者。

首先，本书实现了会计理论与实践的有机结合。作为行业会计人员实务操作指导用书，需要将行业中的特殊会计事项充分反映出来，以供会计人员在工作中参考、借鉴。该书通过对有关会计准则的详尽介绍和举例说明，使读者既能很好地理解新《企业会计准则》的理论精髓，又找到了解决会计实务中处理问题的方法，实现了会计理论与实践的有机结合。

其次，勘察设计行业会计的一些好做法、好经验得到了传承与发扬。多年来，勘察设计行业的会计核算和管理形成了不少宝贵的、可取的经验和做法，是解决勘察设计企业会计实务问题、促进企业管理的重要法宝。比如，在《会计科目及核算要求》一章中，作者凭借多年从事行业会计实务的经验，紧密融合勘察设计行业的业务特点和企业管理要求，不仅科学地选用会计科目，还开创性地将辅助账的设置作为会计核算的重要组成部分进行详细规划和统筹管理，对账务核算准确、详尽、快捷地反映和提供每一项经济业务的会计信息起到推动作用。作者在成书过程中，既坚持了企业会计准则所规范的基本原则，又结合行业实际，对勘察设计行业多年来积累的成功做法进行了经验总结和传承发扬，对行业特殊会计问题的处理进行了操作指引，使得本书具有十分鲜活的生命力，不仅对于本行业、对于其他行业的会计核算与管理也具有重要的指导意义。

最后，本书深入浅出、通俗易懂、便于理解、易于操作。该书的大量会计实务案例，诠释了新《企业会计准则》在勘察设计行业中的有效应用。基层会计人员通过对经济业务实例的理解，很容易进行会计处理。同时，也满足了大、中型企业进行集团化管理的会计核算工作。

总之，该书以行业经济业务为背景，针对行业应用广泛的各项会计准则通过大量的经济业务实例，将会计理论与实务操作紧密地联系在一起，理论内容丰富，实务操作清晰，是勘察设计行业中很好的一部会计人员的工具书。我愿为此书作序，并在此就二位作者对勘察设计行业会计工作发展所发挥的积极作用表示祝贺。

中国会计学会副会长

东北财经大学会计学院院长、教授、博士生导师

2009 年 12 月

前 言

2006年，财政部颁布了包括1项基本准则和38项具体准则及其应用指南的《企业会计准则》新会计体系，标志着中国会计准则与国际会计准则的实质趋同。执行新准则，要求会计人员准确把握其精髓，并与本单位会计实务有机结合起来，以准确的职业判断和规范的处理方法，真实、完整的反映企业的资产、负债状况和经营成果。这对会计人员的执业能力和企业的会计工作都提出了更高的要求。

勘察设计行业的各企业原多数为事业单位，会计核算执行事业单位会计制度。从1979年开始，部分工程勘察设计单位进行改革试点，由原全额吃国家事业单位拨款到自收自支，又从自收自支到实行企业化管理，在内部经营机制上发生了深刻变化，并形成以高新技术为先导，以市场竞争为导向的新格局。1994年，国务院发布国函100号《关于工程勘察设计单位改建为企业问题的批复》，决定将工程勘察设计单位改建为企业，这标志着我国勘察设计作为一个新兴行业，在国民经济发展和建设中，将发挥其应有的作用。为了落实国务院决定，促进勘察设计单位转企建制，规范勘察设计单位的财务管理工作，1995年财政部制定下发了《关于勘察设计企业执行新财务制度若干问题的通知》，明确勘察设计企业应严格遵循《企业财务通则》，并相应执行《工业企业财务制度》。

全面贯彻新准则，对会计执业人员实务操作提出了挑战。为了加深会计人员对新《企业会计准则》的理解，在实际工作中能够准确把握和合理运用，各行业相继出台了属于本行业新《准则》的应用指南。而勘察设计行业，由于其涉及业务的广泛性、复杂性和不可复制性，至今尚无属于本行业的会计实务操作指南。

为此，我们在充分研究新《企业会计准则》的理论体系的基础上，紧密结合勘察设计行业各企业的财务工作现状和各项经济业务的特点，编写了本部《勘察设计行业会计实务操作指南》，以有效提高行业会计信息质量，进一步提升会计工作整体水平，推动勘察设计企业向市场化、国际化迈进。

《勘察设计行业会计实务操作指南》的编写，遵循了《中华人民共和国会计法》、《企业会计准则》，以及《中华人民共和国企业所得税法》等相关法律、法规的规定，并紧密结合勘察设计行业中勘察设计、市政工程设计、民用建筑工程设计、水利规划设计、园林古建设计、铁路通信信号设计、工业建筑设计、电力工程设计、煤气热力工程设计等行业内各项经济业务特点和管理要求，涵盖了会计基础工作规范、会计科目及核算内容、18 项会计政策、各类财务报表格式及编报要求等会计工作的核心内容，并对会计机构岗位设置、岗位职责提出了明确的要求。

此书的编撰、出版工作受到北京市勘察设计协会领导的高度重视和大力支持，协会周荫如秘书长多次嘱托编者一定要将此书编撰成为指导行业会计工作的工具书。为了增加本《指南》的实用性，易于会计人员在工作中准确把握和合理运用，协会陈丽萍副秘书长亲自主持召开座谈会，调查、了解行业内各企业会计工作的疑难问题，为此书更具针对性和可操作性奠定了基础。

在此，我们对给予此书编辑工作关心和帮助的各位领导和同仁，表示衷心感谢！

由于编者水平有限，疏漏和错误在所难免，恳请各位同仁批评指正。

编者

2009 年 7 月

目　录

第一章　会计基础工作 ………………………………………… 1

第一节　基本前提 ……………………………………………… 3

第二节　会计凭证填制要求 …………………………………… 4

第三节　会计机构岗位设置及职责 …………………………… 9

第二章　会计科目及核算要求 ………………………………… 15

第一节　会计科目及编码 ……………………………………… 17

第二节　科目核算内容及主要账务处理 ……………………… 42

第三章　会计政策、会计估计及主要实务范例 ……………… 121

第一节　存　货 ………………………………………………… 123

第二节　长期股权投资 ………………………………………… 128

第三节　投资性房地产 ………………………………………… 133

第四节　固定资产 ……………………………………………… 137

第五节　无形资产 ……………………………………………… 148

第六节　非货币性资产交换 …………………………………… 152

第七节　收　入 …………………………………… 157
第八节　建造合同 ………………………………… 162
第九节　借款费用 ………………………………… 168
第十节　企业合并 ………………………………… 173
第十一节　外币折算 ……………………………… 183
第十二节　租　赁 ………………………………… 188
第十三节　资产减值及核销 ……………………… 193
第十四节　金融工具 ……………………………… 202
第十五节　所得税 ………………………………… 205
第十六节　职工薪酬 ……………………………… 214
第十七节　生物资产 ……………………………… 218
第十八节　会计政策、会计估计变更和差错更正 …… 221

第四章　财务报表列报 …………………………… 225
第一节　财务报表项目及编报时间 ………………… 227
第二节　个别财务报表格式及编报说明 …………… 228
第三节　合并财务报表格式及编报说明 …………… 261
第四节　财务快报格式及编报说明 ………………… 275

第一章
会计基础工作

第一节　基本前提

一、会计主体

会计主体是指企业会计确认、计量和报告的空间范围，是会计核算和财务报告反映的特定对象，并将其与其他经济实体区别开来，是财务报告的目标。凡具有独立法人资格的企业都是独立的会计主体，可参照本书的规定进行会计核算，出具财务报告。

二、记账本位币

勘察设计系统的会计确认、计量和财务报告以人民币为记账本位币，反映各企业的生产经营活动。

三、会计分期

会计分期是指将一个企业持续经营的生产经营活动划分为一个个连续的、长短相同的期间，目的在于通过会计期间的划分，将持续经营的生产活动划分成连续、相等的期间，据以结算盈亏，按期编制财务报告，向财务报告使用者提供有关企业财务状况、经营成果和现金流量。

财务期间可分为年度、中期、季度。年度为公历1月1日至12月31日；中期为1月1日至6月30日；季度为1月1日至3月31日、4月1日至6月30日、7月1日至9月30日和10月1日至12月31日，以此期限分别反映各企业的财务状况、经营成果和现金流量。

四、会计基础

勘察设计行业的会计确认、计量和财务报告以权责发生制为基础，凡是当期已经实现的收入和已经发生或应当负担的费用，无论款项是否收付，都应当作为当期的收入和费用，计入利润表；不属于当期的收入或费用，即使款项已经在当期收付，也不能计入当期的收入和费用。

第二节 会计凭证填制要求

会计凭证是记录经济业务，明确经济责任的书面证明。取得和填制会计凭证是企业经济业务的必然结果，审核和处理会计凭证是会计核算的第一环节，会计凭证对会计核算资料的正确性、可靠性起着决定和基本的作用。审核和处理会计凭证是充分发挥会计职能、作用的保证，是提高会计工作质量的重要手段。

会计凭证分为原始凭证和记账凭证。

一、凭证的填制

（一）原始凭证的填制

原始凭证是发生经济业务时取得或填制的会计凭证，是用来证明和记录经济业务发生或完成情况的原始依据，具有法律效力。原始凭证必须做到正确、完整、清晰、真实、及时地记录和填制。填制原始凭证要满足以下要求：

1. 填制在凭证上的内容和数字，必须真实可靠，要符合经济业务的实际情况。

2. 各种凭证的内容必须填写齐全，不得遗漏，必须符合手续完备的要求，经办业务的有关部门和人员要认真审核，签名、盖章。

3. 各种凭证要用蓝色或黑色笔书写，文字要简要，字迹要清楚，易于辨认，不得使用未经国务院公布的简化汉字；对阿拉伯数字要逐个写清楚，不得连写。在金额数字前面应填写人民币字样或“¥”；复写的凭证，一定要写透，不要上面清楚，下面模糊。

4. 大、小写金额数字要符合规范，正确填写，大写金额数字应一律用“零、壹、贰、叁、肆、伍、陆、柒、捌、玖、拾、佰、仟、万、亿、元、角、分”等，不得使用不规范字；金额数字到元或角止的，大写后面加“整”字，金额有“分”的，不加“整”字；大写金额前应加“人民币”字样，与金额首字之间不留空隙；金额数字中间有连续两个以上“0”的，大写只写一个“零”字，各种规定填写大写金额的凭证，如银行结算凭证、税收财政缴款凭证、发票、收据、提货单、合同、契约等，必须填写大写金额，不得只填写小写金额。

5. 各种凭证必须连续编号，以便查找。凭证如已预先印制编号的，在写坏时应作废，加盖“作废”戳记，全份保存，不得自行处理。

6. 各种凭证不得随意涂改、刮擦、挖补，填写错误需要更正时，应用划线更正，即将错误的文字或数字，用红色墨水划线注销，再将正确的文字或数字用原色笔写在划线部分上面，加盖经手人或负责人（会计主管）的印章。但银行结算凭证和增值税统一发票等的大小写一律不得更改，如有写错，加盖“作废”戳记全份作废，另行重新填写。

7. 各种凭证必须及时填写，一切原始凭证都应按照规定程序加以审核，填制记账凭证。

（二）记账凭证的填制

记账凭证是由会计人员根据审核无误的原始凭证编制的会计分录，是登记账簿的直接依据。填制各种记账凭证，除了必须严格作到填制原始凭证的要求外，还必须作到以下几点：

1. “摘要”栏应简明填写经济业务内容的要点，文字说明应简练与概括。摘要必须能够体现以下内容：服务或供货项目、供应商或客户简称（简称一般不超过4个字）等，摘要文字总数一般不超过20个字。

2. 不得把不同类型的经济业务合并填写一张记账凭证，以免混淆账户对应关系。

3. 企业可参照本书第二章中统一规定的会计科目及核算要求，根据经济业务性质，正确编制会计分录。填写记账凭证完毕，应加计合计数，检查借、贷双方金额及总账科目和明细账科目金额是否平衡。

4. 编制记账凭证必须有专人负责审核，审核无误的才能据以记账。

5. 必须注明所附原始凭证张数，以便于控制、审核经济业务内容和所确定的会计分录是否正确。

6. 各种记账凭证必须连续编号，如果一笔经济业务要填多张记账凭证的，采用分数编号法。

二、会计凭证审核

（一）原始凭证审核

审核原始凭证是会计人员对经济业务进行的事后监督，是会计监督的重要方法。主要审核以下两方面：

1. 原始凭证所记录的经济业务的合法性、合理性。

审核发生的经济业务是否符合国家政策、法令、制度和企业相应的计划、预算、合同以及计划、预算、合同等有关规定有无违反财经法律等，如有违反，要向企业领导汇报，提出拒绝执行的意见。

2. 审核原始凭证填写的内容和手续是否符合规定要求。

查明凭证所记录的经济业务是否符合实际情况，应填写的项目是否齐全，数字和文字是否正确，书写是否清楚，有关人员签字（章）是否齐备。

（二）记账凭证的审核

记账凭证的审核，是对原始凭证与记账凭证的内容是否相符和对记账凭证的格式、内容本身的审核，主要包括以下内容：

1. 审核记账凭证所附原始凭证是否齐全，手续是否完备，记账凭证摘要所记录的经济业务是否同所附原始凭证内容相符。

2. 审核会计科目使用是否正确。凭证上所使用科目及明细科目和内容必须前后一致，同一经济业务不得应用不同的会计科目和明细科目以保证统一口径，取得正确的汇总指标。

3. 复核金额。根据经济业务的计量单位、单价和数量计算其金额。

4. 审核填制、出纳等人员是否盖章（签名），审核人自己也要对审核无误的凭证签名以示负责。

5. 对记账凭证上各个项目，不仅要从形式上检查填制的完整性和正确性，还应从政策上对有关经济业务的合法性和合理性进行实质检查。

三、会计凭证的传递

会计凭证的传递是指会计凭证从取得和填制到归档保管的整个过程中，在单位内部各有关部门和人员间的传递程序和传递时间。

（一）会计凭证的传递

1. 资金报销单据的传递

①预审：审查原始凭证的合法、合规性→②出纳：根据预审合格的原始单据支付资金→③制单：根据出纳提供的原始单据编制记账凭证→④审核：审核原始凭证、记账凭证→⑤凭证整理：对审核合格的会计凭证进行整理、装订。

2. 营业收入单据的传递

①收取支票、开具发票→②存支票：支票交银行存储→③制单：根据银行回单及发票，编制记账凭证→④审核：审核原始凭证、记账凭证→⑤凭证整理：对审核合格的会计凭证进行整理、装订。

3. 内部费用分摊凭证的传递

①从相关部门（或岗位）取得费用分摊表→②制单：根据费用分摊表编制记账凭证→③审核：审核原始凭证、记账凭证→④凭证整理：对审核合格的会计凭证进行整理、装订。

（二）会计凭证的传递时间

1. 财务部门内部会计凭证要每日进行传递，保证会计凭证作账及时，不得出现单据滞留现象。

2. 财务部门从外部取得的各种费用分摊表，要按时催收，保证各项费用入账及时。

四、会计凭证整理及保管

会计凭证是重要的经济资料和会计档案，任何单位在完成经济业务手续后，必须按立卷、归档制度，形成会计档案资料妥善保管，以便日后随时查阅。

1. 将各种记账凭证按照编号顺序连同所附的原始凭证，加具封面、封底，定期（每日 \ 每月 \ 每旬）装订成册，在装订线上加贴封签，并在封签处加盖会计主管的骑缝图章，在封面上写明单位名称、年度和月份，记账凭证的种类、起讫日期、起讫号码以及记账凭证张数。

2. 对重要的原始单据，如：合同、契约、提货单、押金收据等，应单独编目，另外保管，并在有关的记账凭证和原始凭证上相应注明日期和编号。某些记账凭证所附的原始凭证数量过多时，也可单独装订保管，但应在封面上注明所属记账凭证日期、编号、种类，同时在有关的记账凭证上注明“附件另订”字样和原始凭证名称和编号，以便查考。

3. 装订成册的会计凭证，由财务部门内指定专人保管，年度终了，移交档案室登记归档。原始凭证不得外借，其他单位如因特殊原因需要借阅原始凭证，需经本单位领导批准，有必要时，可以提出复印件，但应专设登记簿登记，并由提供人员和收取人员共同签名和盖章。

第三节　会计机构岗位设置及职责

会计机构的岗位设置应符合《会计法》、企业会计业务的需要和内部控制的要求设置。

会计工作岗位可分为：财务部门负责人、预算、稽核、收入核算、成本（费用）核算、报表、资产核算、纳税核算、现金（银行）出纳、会计档案保管等。会计工作岗位设置要严格遵循内部控制原则，出纳不得兼管稽核、会计档案保管、收入核算、成本（费用）核算、往来结算、债权债务等账目登记等工作。

会计人员的工作岗位要定期地进行轮换，由财务部门负责企业会计人员的集中管理和调配，每三年进行一次岗位轮换。

会计人员要具备必要的专业知识和技能，熟悉《企业会计准则》、《企业财务通则》等国家有关法律、法规、规章和制度，遵守职业道德。所有在岗会计人员必须持有经年度审查合格的会计从业资格证书，并按照国家有关规定参加年度会计继续教育培训。

为确保会计信息的完整、真实、准确，会计人员应尽职尽责，高质量完成好本职工作。会计工作各岗位基本职责如下：

一、财务部门负责人岗位职责：

1. 负责内部岗位分工，明确各岗位工作职责，聘任部门内各岗位工作人员，协调各岗位间工作关系。

2. 根据企业的发展战略研究制定财务管理制度和本部门工作目标、工作计划，安排部门内的日常工作。随时检查各项财务制度的执行情况，发现问题及时制止和纠正，重大问题及时向单位主管领导汇报。

3. 根据企业经营需要，制定企业财务分析、资金管理、产权检查、纳税管理和财务监督等方面的规章制度和方案。

4. 加强和改善对投资项目的监管力度，向企业领导提供有关财务方面的建议。

5. 参与投资调研以及资产重组、整合、股权置换、转让等方案的设计。

6. 按规定保管财务部门各类印章，包括：财务部门公章、财务结算专用章、支票专用章等。

7. 组织会计人员政治理论、职业道德和业务知识、技术的学习和培训，负责部门所属会计人员的年度工作业绩考核。

二、预算岗位职责

1. 参与制定企业年度预算编制方案，及时采集各项基础数据，按时完成年度预算的编制及下发工作。

2. 对企业的经营活动进行实时监控，按季度对经营预算的执行情况进行分析，为企业领导经营决策提供财务依据。

3. 负责企业会计电算化系统维护和电子数据档案管理工作，保证系统及数据的安全，协调计算机及会计软件系统的运行工作。

4. 参与企业对外重大投资和控股项目经营活动的监控，加强财务监督管理。

三、稽核岗位职责

1. 认真审核日常资金使用的申请、审批手续。审核电算化会计凭证、会计报表等相关的电算化表、单，确保会计凭证、会计报表数据的真实、准确、合法。协调、指导各会计岗位日常业务工作。

2. 审核各类应收、应付、预收、预付事项的往来核算是否正确，业务内容是否合法、合规。

3. 审核会计核算业务中各项转账、计提事项是否正确、合规；依据是否充分、符合实际。

4. 及时了解、掌握企业相关会计政策的变化和财产处置政策，确保会计核算准确、合法。

5. 负责及时进行银行账的核对工作，定期编制余额调节表，保证每笔资金使用的安全、准确。

四、收入核算岗位职责

1. 严格依据企业会计政策的相关规定，对不同类型的业务收入分别情况，采用不同的方法予以确认和计量，编制会计电算化凭证。

2. 根据各类收入的性质，按规定开具和使用发票，保管空白发票。每月末进行发票清理，及时催收预借发票。

3. 根据项目合同建立收入台账，进行项目收入的辅助登记，并定期根据项目进度对收入计划地完成情况进行分析。

4. 建立应收款项（含应收、预付款项）明细核算系统，定期编制应收账款明细表，分析其账龄，对有关往来账项及时进行核对和清理。

5. 及时编制企业月份、中期和年度的生产经营收入报表；按月输出发票管理系统报表，及时进行发票核对。

五、成本（费用）核算岗位职责

1. 根据各类经济业务的性质，按照会计政策的规定编制会计电算化凭证，进行成本（费用）核算。

2. 根据企业会计政策的规定，定期进行资产减值测试，及时计提各项资产减值准备，并编制相关会计电算化凭证。

3. 根据各管理部门提供的各项费用分摊表，编制相关成本（费用）的会计电算化凭证。

4. 按月进行无形资产、生物资产、低值易耗品的摊销和固定资产、投资性房地产折旧的计提，并编制相关会计电算化凭证。

5. 登记各类总账、明细账，编制试算平衡表，作好月度、年度账务结转等会计处理工作。

六、会计报表岗位职责

1. 按企业会计政策的规定编制月份、中期和年度会计报表、会计报表附注和财务情况说明书，进行中期和年度财务状况分析。母公司要按企业会计政策的要求编制年度合并会计报表及会计报表附注、财务情况说明书，并进行年度财务分析。

2. 负责控股企业会计信息的采集和信息质量的审查、汇总，并定期上报企业主管领导。

3. 根据主管部门和企业的统一部署，按时、高质量完成年度财务决算工作。

4. 组织完成本企业及下属企业的产权登记与年检工作。

5. 负责组织完成企业内部报表的编制和整理，按时上报主管部门及主管领导。

七、资产核算岗位职责

1. 按部门、类别建立固定资产、投资性房地产卡片账，及时登记，并按月进行卡片账与总账的核对工作。

2. 按部门、类别建立无形资产、长期待摊费用台账，准确、及时对无形资产、长期待摊费用的本期发生额、摊销和处置进行辅助登记。

3. 准确计算固定资产、投资性房地产月折旧额；无形资产、长期待摊费用月摊销额，等级相关账目，并分别出具明细表交相关岗位进行总账核算。

4. 定期对固定资产、投资性房地产、无形资产进行减值测试，按照企业会计政策的规定，对于已发生减值的资产计提减值准备，并出具资产减值明细表交相关岗位进行总账核算。

5. 定期组织相关部门进行固定资产等实物的盘点、清查工作，确保账实相符。

6. 协助各资产管理部门对盘亏、毁损、报废的实物资产及时进行清理，督促资产使用部门和相关管理人员履行审批手续，按规定进行账务处理。

7. 协助各管理部门对盘盈资产及时办理审批、入账手续，负责确定盘盈资产的入账价值。

八、纳税核算岗位职责

1. 按时、准确完成日常纳税申报与税款缴纳工作，包括：营业税、城建税、企业所得税等税种的日常纳税核算、企业所得税的年度汇算清缴以及职工个人所得税的代扣代缴及明细申报工作。

2. 根据本企业经营需要，及时办理发票的申报、购买事宜，保证企业各项业务的正常运转。

3. 与税务部门协调，按时、准确完成税务部门布置的相关工作。

4. 熟悉和掌握国家有关的税收政策，为企业经营提供纳税方面的政策支持。

九、出纳岗位职责

1. 认真执行《现金管理暂行条例》、《银行转账支票领用制度》和有关资金使用的各项规章制度，严格审核资金收付凭证，按规定使用现金和银行转账进行业务结算，保证资金的安全、完整。

2. 按制度要求设置和登记“库存现金”、“银行存款”日记账。“银行存款”日记账要按开户银行及账户设置，准确反映各资金账户的结余和使用状况。

3. “库存现金”日记账要每日结账，并对库存现金进行盘点，做到账实相符。收到的现金要当日送存银行，不得坐支，严格执行库存现金限额制度。

4. 银行出纳开具支票要填写日期、收款单位、用途、金额（或限额），不得开具空白支票，监督支票领用人按规定填写“支票领用登记簿”。

5. 银行出纳负责每日与银行办理单据的交割，确保各项原始单据及时入账。

6. 银行出纳负责根据业务需要和审批后的支付申请，及时办理保证金、保函的存储和清退工作。

7. 银行出纳要根据业务需要，负责及时购买和保管空白支票。

8. 现金、银行出纳要与相关岗位及时办理原始单据的交割工作，确保各项业务及时进行账务处理。

十、档案保管岗位职责

1. 按照财政部《会计档案管理办法》等规定，做好各类会计凭证、账册、财务报告以及相关文件的整理、装订和归档工作。

2. 做好本部门各类文件的收发登记和传阅工作，保证相关人员及时了解文件精神，并在工作中得到有效实施。

3. 负责对各类发票、收据的存根建立清册，按规定实行有效保管。

4. 负责根据《会计档案管理办法》的管理规定，及时进行会计档案的清理、核销工作。

5. 负责对岗位轮换、工作交接形成的“工作交接清单”建立清册，按规定进行有效保管。

第二章
会计科目及核算要求

根据《企业会计准则》的规定，充分结合勘察设计行业各企业经济业务特点，在考虑设计主业的基础上，将设计产业链中的相关产业一并纳入勘察设计行业的核算范围，设置以下一级会计科目以及明细核算科目。各企业可根据自身业务特点，在此范围内合理选用，并对各项经济业务进行账务处理。二级及以下级次科目的选用和编码、辅助账的设置，各企业可根据自身管理要求合理运用，本书中的列示仅供参考。

第一节　会计科目及编码

序号	科目编码	会计科目名称	级次	辅助核算
		一、资产类		
1	**1001**	**库存现金**	**1**	**【现金流量项目】**
2	**1002**	**银行存款**	**1**	**【现金流量项目】【开户银行或账号】**
	100201	活期存款	2	【现金流量项目】【开户银行或账号】
	100202	定期存款	2	【现金流量项目】【开户银行或账号】
3	**1012**	**其他货币资金**	**1**	**【现金流量项目】【开户银行】【收款单位】**
	101201	银行汇票或本票	2	【现金流量项目】【收款单位】
	101202	信用证保证金	2	【现金流量项目】【银行或收款单位】
	101203	信用卡	2	【现金流量项目】【开户银行】

续表

序号	科目编码	会计科目名称	级次	辅助核算
	101204	存出投资款	2	【现金流量项目】【收款单位】
	101205	外埠存款	2	【现金流量项目】【开户银行】
4	**1101**	**交易性金融资产**	**1**	**【资产类别】**
	110101	成本	2	【资产类别】
	110102	公允价值变动	2	【资产类别】
5	**1121**	**应收票据**	**1**	**【付款单位】**
6	**1122**	**应收账款**	**1**	**【债务人】**
7	**1123**	**预付账款**	**1**	**【供货单位】**
	112301	待摊费用	2	【供货单位】
	112302	其他预付款	2	【供货单位】
8	**1131**	**应收股利**	**1**	**【被投资单位】**
9	**1132**	**应收利息**	**1**	**【借款人或被投资单位】**
10	**1221**	**其他应收款**	**1**	**【子公司名称】【收款单位】【借款人】**
	122101	集团内部往来	2	【子公司名称】
	122102	集团外部往来	2	【收款单位】
	122103	投标保证金	2	【收款单位】
	122104	押金	2	【收款单位】
	122105	差旅费	2	【借款人】
	122199	其他	2	
11	**1231**	**坏账准备**	**1**	
	123101	应收票据坏账准备	2	
	123102	应收账款坏账准备	2	

续表

序号	科目编码	会计科目名称	级次	辅助核算
	123103	预付账款坏账准备	2	
	123104	其他应收款坏账准备	2	
	123105	长期应收款坏账准备	2	
12	**1401**	**材料采购**	**1**	**【供货单位】**
13	**1402**	**在途物资**	**1**	**【供货单位】**
14	**1403**	**原材料**	**1**	**【供货单位】**
15	**1404**	**材料成本差异**	**1**	**【材料种类】**
16	**1405**	**库存商品（开发产品）**	**1**	**【供货单位】**
17	**1406**	**发出商品**	**1**	**【购货单位】**
18	**1407**	**商品进销差价**	**1**	**【商品类别】**
19	**1408**	**委托加工物资**	**1**	**【受托单位】**
20	**1411**	**周转材料**	**1**	**【材料名称】**
	141101	包装物	2	【材料名称】
	141102	低值易耗品	2	【材料名称】
	141103	施工用周转材料(建筑承包商专用)	2	【材料名称】
21	**1421**	**消耗性生物资产**	**1**	
22	**1471**	**存货跌价准备**	**1**	
	147101	原材料跌价准备	2	
	147102	库存商品跌价准备	2	
	147103	周转材料跌价准备	2	
	147104	消耗性生物资产跌价准备	2	

续表

序号	科目编码	会计科目名称	级次	辅助核算
	147105	未结转的建造合同项目跌价准备	2	
23	**1501**	**持有至到期投资**	**1**	**【投资项目】**
	150101	成本	2	【投资项目】
	150102	利息调整	2	【投资项目】
	150103	应计利息	2	【投资项目】
24	**1502**	**持有至到期投资减值准备**	**1**	**【投资项目】**
25	**1503**	**可供出售金融资产**	**1**	**【投资项目】**
	150301	成本	2	【投资项目】
	150302	利息调整	2	【投资项目】
	150303	应计利息	2	【投资项目】
	150304	公允价值变动	2	【投资项目】
26	**1504**	**可供出售金融资产减值准备**	**1**	**【投资项目】**
27	**1511**	**长期股权投资**	**1**	**【被投资单位】**
	151101	投资成本	2	【被投资单位】
	151102	损益调整	2	【被投资单位】
	151103	其他权益变动	2	【被投资单位】
28	**1512**	**长期股权投资减值准备**	**1**	**【被投资单位】**
29	**1521**	**投资性房地产**	**1**	**【投资项目】**
30	**1522**	**投资性房地产累计折旧**	**1**	**【投资项目】**
31	**1523**	**投资性房地产减值准备**	**1**	

续表

序号	科目编码	会计科目名称	级次	辅助核算
32	**1531**	**长期应收款**	**1**	
33	**1532**	**未实现融资收益**	**1**	
34	**1601**	**固定资产**	**1**	**【管理或使用部门】**
	160101	土地	2	【管理或使用部门】
	160102	房屋及建筑物	2	【管理或使用部门】
	160103	交通工具	2	【管理或使用部门】
	160104	电子设备	2	【管理或使用部门】
	160105	机械和其他设备	2	【管理或使用部门】
	160106	工器具及家具	2	【管理或使用部门】
	160107	融资租入固定资产	2	【管理或使用部门】
35	**1602**	**累计折旧**	**1**	**【管理或使用部门】**
	160201	房屋及建筑物	2	【管理或使用部门】
	160202	交通工具	2	【管理或使用部门】
	160203	电子设备	2	【管理或使用部门】
	160204	机械和其他设备	2	【管理或使用部门】
	160205	工器具及家具	2	【管理或使用部门】
	160206	融资租入固定资产	2	【管理或使用部门】
36	**1603**	**固定资产减值准备**	**1**	**【管理或使用部门】**
	160301	房屋及建筑物	2	【管理或使用部门】
	160302	交通工具	2	【管理或使用部门】
	160303	电子设备	2	【管理或使用部门】
	160304	机械和其他设备	2	【管理或使用部门】
	160305	工器具及家具	2	【管理或使用部门】
	160306	融资租入固定资产	2	【管理或使用部门】

续表

序号	科目编码	会计科目名称	级次	辅助核算
37	**1604**	**在建工程**	**1**	**【工程项目】**
	160401	建筑工程	2	【工程项目】
	160402	安装工程	2	【工程项目】
	160403	在安装设备	2	【工程项目】
	160404	待摊支出	2	
38	**1605**	**工程物资**	**1**	**【工程项目】**
	160501	专用材料	2	【工程项目】
	160502	专用设备	2	【工程项目】
	160503	工器具	2	【工程项目】
39	**1606**	**固定资产清理**	**1**	**【管理或使用部门】**
40	**1607**	**在建工程减值准备**	**1**	**【工程项目】**
	160701	建筑工程减值准备	2	【工程项目】
	160702	安装工程减值准备	2	【工程项目】
	160703	在安装设备减值准备	2	【工程项目】
41	**1608**	**工程物资减值准备**	**1**	**【工程项目】**
	160801	专用材料减值准备	2	【工程项目】
	160802	专用设备减值准备	2	【工程项目】
	160803	工器具减值准备	2	【工程项目】
42	**1701**	**无形资产**	**1**	**【资产项目】**
	170101	土地使用权	2	【资产项目】
	170102	专利权	2	【资产项目】
	170103	软件	2	【资产项目】
	170199	其他	2	【资产项目】
43	**1702**	**累计摊销**	**1**	**【资产项目】**

续表

序号	科目编码	会计科目名称	级次	辅助核算
44	**1703**	**无形资产减值准备**	**1**	【资产项目】
45	**1711**	**商誉**	**1**	
46	**1712**	**商誉减值准备**	**1**	
47	**1801**	**长期待摊费用**	**1**	【工程项目】
	180101	固定资产改良支出	2	【工程项目】
	180102	装修费用	2	【工程项目】
	180103	开办费	2	
48	**1811**	**递延所得税资产**	**1**	
	181101	应收股利	2	
	181102	应收账款	2	
	18110201	坏账准备	3	
	18110202	其他	3	
	181103	预付账款	2	
	18110301	坏账准备	3	
	18110302	其他	3	
	181104	存货	2	
	18110401	跌价准备	3	
	18110402	其他	3	
	181105	可供出售金融资产	2	
	18110501	减值准备	3	
	18110502	公允价值变动	3	
	18110503	持有至到期投资转入	3	
	18110504	其他	3	
	181106	持有至到期投资	2	

续表

序号	科目编码	会计科目名称	级次	辅助核算
	18110601	减值准备	3	
	18110602	其他	3	
	181107	长期股权投资	2	
	18110701	减值准备	3	
	18110702	其他	3	
	181108	固定资产	2	
	18110801	减值准备	3	
	18110802	其他	3	
	181109	在建工程	2	
	18110901	减值准备	3	
	18110902	其他	3	
	181110	工程物资	2	
	18111001	减值准备	3	
	18111002	其他	3	
	181111	无形资产	2	
	18111101	减值准备	3	
	18111102	累计摊销	3	
	18111103	其他	3	
	181112	研发支出	2	
	181113	商誉	2	
	18111301	减值准备	3	
	18111302	其他	3	
	181114	其他资产	2	
	181115	应付账款	2	

续表

序号	科目编码	会计科目名称	级次	辅助核算
	181116	其他应付款	2	
	181117	预收账款	2	
	181118	应付职工薪酬	2	
	181119	应付利息	2	
	181120	长期应付款	2	
	181121	专项应付款	2	
	181122	预计负债	2	
	181123	递延收益	2	
	181124	其他负债	2	
	181125	可结转以后年度亏损	2	
49	**1901**	**待处理财产损溢**	**1**	
	190101	待处理流动资产损溢	2	
	190102	待处理固定资产损溢	2	
		二、负债类		
50	**2001**	**短期借款**	**1**	**【贷款人】**
51	**2201**	**应付票据**	**1**	**【供货单位或债权人】**
52	**2202**	**应付账款**	**1**	**【供货单位或债权人】**
53	**2203**	**预收账款**	**1**	**【项目】**
54	**2211**	**应付职工薪酬**	**1**	**【部门】【项目】**
	221101	工资	2	【部门】【项目】
	22110101	档案工资	3	【部门】【项目】

续表

序号	科目编码	会计科目名称	级次	辅助核算
	22110102	奖金	3	【部门】【项目】
	22110103	加班工资	3	【部门】【项目】
	22110104	交通费补贴	3	【部门】【项目】
	22110105	午餐补贴	3	【部门】【项目】
	22110106	通讯费补贴	3	【部门】【项目】
	22110199	其他	3	【部门】【项目】
	221102	职工福利	2	【部门】【项目】
	221103	住房公积金	2	【部门】【项目】
	221104	住房补贴	2	【部门】【项目】
	221105	社会保险费	2	【部门】【项目】
	22110501	基本医疗保险	3	【部门】【项目】
	22110502	基本养老保险	3	【部门】【项目】
	22110503	失业保险	3	【部门】【项目】
	22110504	工伤险	3	【部门】【项目】
	22110505	女工生育险	3	【部门】【项目】
	22110506	补充医疗保险	3	【部门】【项目】
	221106	工会经费	2	【部门】
	221107	职工教育经费	2	【部门】
	221108	非货币福利	2	【部门】
	221109	辞退福利	2	【部门】
	221110	职工福利及奖励	2	（外商投资企业专用）
55	**2221**	**应交税费**	**1**	**【部门】【项目】**
	222101	应交营业税	2	【部门】【项目】
	222102	应交企业所得税	2	【部门】

续表

序号	科目编码	会计科目名称	级次	辅助核算
	222103	应交城市维护建设税	2	【部门】
	222104	应交房产税	2	【部门】【项目】
	222105	应交土地使用税	2	【部门】
	222106	应交土地增值税	2	【部门】
	222107	应交车船使用税	2	【部门】【项目】
	222108	应交个人所得税	2	【部门】
	222109	应交教育费附加	2	【部门】【项目】
	222110	应交增值税	2	【部门】【项目】
56	**2231**	**应付利息**	**1**	**【债权人】**
57	**2232**	**应付股利**	**1**	**【投资单位】**
58	**2241**	**其他应付款**	**1**	
	224101	集团外部往来	2	
	224102	应付社保费用	2	
	22410201	医保返还	3	
	22410202	个人负担养老保险	3	
	22410203	个人负担医疗保险	3	
	22410204	个人负担失业保险	3	
	22410205	个人负担住房公积金	3	
	224103	其他	2	
59	**2401**	**递延收益**	**1**	
60	**2501**	**长期借款**	**1**	**【债权人】**
61	**2701**	**长期应付款**	**1**	**【债权人】**
62	**2702**	**未确认融资费用**	**1**	**【债权人】**

续表

序号	科目编码	会计科目名称	级次	辅助核算
63	**2711**	**专项应付款**	**1**	
64	**2801**	**预计负债**	**1**	
	280101	预计担保损失	2	
	280102	预计未决诉讼损失	2	
	280103	预计债务重组损失	2	
	280104	预计应承担的超额亏损	2	
	280105	预计产品质量保证损失	2	
65	**2901**	**递延所得税负债**	**1**	
	290101	应收股利	2	
	290102	应收账款	2	
	29010201	坏账准备	3	
	29010202	其他	3	
	290103	其他应收款	2	
	29010301	坏账准备	3	
	29010302	其他	3	
	290104	预付账款	2	
	29010401	坏账准备	3	
	29010402	其他	3	
	290105	存货	2	
	29010501	跌价准备	3	
	29010502	其他	3	
	290106	可供出售金融资产	2	
	29010601	减值准备	3	

续表

序号	科目编码	会计科目名称	级次	辅助核算
	29010602	公允价值变动	3	
	29010603	出售	3	
	29010604	持有至到期投资转入	3	
	29010605	其他	3	
	290107	持有至到期投资	2	
	29010701	减值准备	3	
	29010702	其他	3	
	290108	长期股权投资	2	
	29010801	减值准备	3	
	29010802	评估增值	3	
	29010803	评估减值	3	
	29010804	其他	3	
	290109	固定资产	2	
	29010901	减值准备	3	
	29010902	评估增值	3	
	29010903	评估减值	3	
	29010904	其他	3	
	290110	在建工程	2	
	29011001	减值准备	3	
	29011002	其他	3	
	290111	工程物资	2	
	29011101	减值准备	3	
	29011102	其他	3	
	290112	无形资产	2	

续表

序号	科目编码	会计科目名称	级次	辅助核算
	29011201	减值准备	3	
	29011202	其他	3	
	290113	研发支出	2	
	290114	商誉	2	
	29011401	减值准备	3	
	29011402	其他	3	
	290115	其他资产	2	
	290116	应付账款	2	
	290117	其他应付款	2	
	290118	预收账款	2	
	290119	应付职工薪酬	2	
	290120	应付利息	2	
	290121	长期应付款	2	
	290122	专项应付款	2	
	290123	预计负债	2	
	290124	递延收益	2	
	290125	其他负债	2	
	290126	可结转以后年度亏损	2	
		三、所有者权益类		
66	**4001**	**实收资本（股本）**	**1**	
	400101	国家资本	2	
	400102	法人资本	2	【投资单位】
	400103	个人资本	2	【投资人】

续表

序号	科目编码	会计科目名称	级次	辅助核算
	400104	已归还投资	2	（中外合作经营企业专用）
67	**4002**	**资本公积**	**1**	
	400201	资本溢价（股本溢价）	2	
	400202	其他资本公积	2	
68	**4101**	**盈余公积**	**1**	
	410101	法定盈余公积	2	
	410102	任意盈余公积	2	
	410103	储备基金	2	（外商投资企业专用）
	410104	企业发展基金	2	（外商投资企业专用）
	410105	利润归还投资	2	（中外合作经营企业专用）
69	**4103**	**本年利润**	**1**	
70	**4104**	**利润分配**	**1**	
	410401	提取法定盈余公积	2	
	410402	提取任意盈余公积	2	
	410403	应付现金股利或利润	2	
	410404	盈余公积补亏	2	
	410405	未分配利润	2	
	410406	提取储备基金	2	（外商投资企业专用）
	410407	提取企业发展基金	2	（外商投资企业专用）
	410408	提取职工奖励及福利基金	2	（外商投资企业专用）

续表

序号	科目编码	会计科目名称	级次	辅助核算
	410409	利润归还投资	2	（中外合作经营企业专用）
		四、成本类		
71	**5001**	**生产成本（开发成本）**	**1**	【部门】【项目】
	500101	职工薪酬	2	【部门】【项目】
	50010101	工资	3	【部门】【项目】
	50010102	职工福利	3	【部门】【项目】
	50010103	住房公积金	3	【部门】【项目】
	50010104	住房补贴	4	【部门】【项目】
	50010105	社会保险	3	【部门】【项目】
	50010106	工会经费	3	【部门】【项目】
	50010107	职工教育经费	3	【部门】【项目】
	50010108	非货币福利	3	【部门】【项目】
	50010109	辞退福利	3	【部门】【项目】
	500102	材料款	2	【部门】【项目】
	500103	工程款	2	【部门】【项目】
	500104	水电费	2	【部门】【项目】
	500105	折旧费	2	【部门】【项目】
	500106	低值易耗品摊销	2	【部门】【项目】
	500107	办公费	2	【部门】【项目】
	500108	交通费	2	【部门】【项目】
	500199	其他	2	【部门】【项目】
72	**5201**	**劳务成本**	**1**	**【部门】【项目】**
	520101	职工薪酬	2	【部门】【项目】

续表

序号	科目编码	会计科目名称	级次	辅助核算
	52010101	工资	3	【部门】【项目】
	52010102	职工福利	3	【部门】【项目】
	52010103	住房公积金	3	【部门】【项目】
	52010104	住房补贴	3	【部门】【项目】
	52010105	社会保险	3	【部门】【项目】
	52010106	工会经费	3	【部门】【项目】
	52010107	职工教育经费	3	【部门】【项目】
	52010108	非货币福利	3	【部门】【项目】
	52010109	辞退福利	3	【部门】【项目】
	520102	差旅费	2	【部门】【项目】
	520103	模型制作费	2	【部门】【项目】
	520104	资料费	2	【部门】【项目】
	520105	维修费	2	【部门】【项目】
	520106	水电费	2	【部门】【项目】
	520107	劳保	2	【部门】【项目】
	520108	办公费	2	【部门】【项目】
	520109	折旧费	2	【部门】【项目】
	520110	交通费	2	【部门】【项目】
	520111	邮电通讯费	2	【部门】【项目】
	520112	低值易耗品摊销	2	【部门】【项目】
	520113	咨询顾问费	2	【部门】【项目】
	520114	会议费	2	【部门】【项目】
	520115	出国费	2	【部门】【项目】
	520199	其他	2	【部门】【项目】

续表

序号	科目编码	会计科目名称	级次	辅助核算
73	**5301**	**研发支出**	**1**	【部门】【项目】
	530101	费用化支出	2	【部门】【项目】
	53010101	职工薪酬	3	【部门】【项目】
	5301010101	工资	4	【部门】【项目】
	5301010102	职工福利	4	【部门】【项目】
	5301010103	住房公积金	4	【部门】【项目】
	5301010104	住房补贴	4	【部门】【项目】
	5301010105	社会保险	4	【部门】【项目】
	5301010106	工会经费	4	【部门】【项目】
	5301010107	职工教育经费	4	【部门】【项目】
	5301010108	非货币福利	4	【部门】【项目】
	5301010109	辞退福利	4	【部门】【项目】
	53010102	材料费	3	【部门】【项目】
	53010103	咨询顾问费	3	【部门】【项目】
	53010104	交通费	3	【部门】【项目】
	53010105	差旅费	3	【部门】【项目】
	53010106	试验费	3	【部门】【项目】
	53010107	办公费	3	【部门】【项目】
	53010108	资料费	3	【部门】【项目】
	53010199	其他	3	【部门】【项目】
	530102	资本化支出	2	【部门】【项目】
	53010201	职工薪酬	3	【部门】【项目】
	5301020101	工资	4	【部门】【项目】
	5301020102	职工福利	4	【部门】【项目】

续表

序号	科目编码	会计科目名称	级次	辅助核算
	5301020103	住房公积金	4	【部门】【项目】
	5301020104	住房补贴	4	【部门】【项目】
	5301020105	社会保险	4	【部门】【项目】
	5301020106	工会经费	4	【部门】【项目】
	5301020107	职工教育经费	4	【部门】【项目】
	5301020108	非货币福利	4	【部门】【项目】
	5301020109	辞退福利	4	【部门】【项目】
	53010202	材料费	3	【部门】【项目】
	53010203	咨询顾问费	3	【部门】【项目】
	53010204	交通费	3	【部门】【项目】
	53010205	差旅费	3	【部门】【项目】
	53010206	试验费	3	【部门】【项目】
	53010207	办公费	3	【部门】【项目】
	53010208	资料费	3	【部门】【项目】
	53010299	其他	3	【部门】【项目】
74	**5401**	**工程施工**	**1**	**【部门】【项目】**
	540101	合同成本	2	【部门】【项目】
	54010101	职工薪酬	3	【部门】【项目】
	5401010101	工资	4	【部门】【项目】
	5401010102	职工福利	4	【部门】【项目】
	5401010103	住房公积金	4	【部门】【项目】
	5401010104	住房补贴	4	【部门】【项目】
	5401010105	社会保险	4	【部门】【项目】
	5401010106	工会经费	4	【部门】【项目】

续表

序号	科目编码	会计科目名称	级次	辅助核算
	5401010107	职工教育经费	4	【部门】【项目】
	5401010108	非货币福利	4	【部门】【项目】
	5401010109	辞退福利	4	【部门】【项目】
	54010102	材料费	3	【部门】【项目】
	54010103	机械使用费	3	【部门】【项目】
	54010104	临时设施折旧费	3	【部门】【项目】
	54010199	其他直接费	3	【部门】【项目】
	540102	间接费用	2	【部门】
	54010201	职工薪酬	3	【部门】
	5401020101	工资	4	【部门】
	5401020102	职工福利	4	【部门】
	5401020103	住房公积金	4	【部门】
	5401020104	住房补贴	4	【部门】
	5401020105	社会保险	4	【部门】
	5401020106	工会经费	4	【部门】
	5401020107	职工教育经费	4	【部门】
	5401020108	非货币福利	4	【部门】
	5401020109	辞退福利	4	【部门】
	54010202	固定资产折旧费	3	【部门】
	54010203	财产保险费	3	【部门】
	54010204	工程保修费	3	【部门】
	54010205	排污费	3	【部门】
	54010206	办公费	3	【部门】
	54010207	交通费	3	【部门】

续表

序号	科目编码	会计科目名称	级次	辅助核算
	54010208	咨询顾问费	3	【部门】
	54010209	邮电通讯费	3	【部门】
	54010299	其他费用	3	【部门】
	540103	合同毛利	2	【部门】【项目】
75	**5402**	**工程结算**	**1**	**【部门】【项目】**
		五、损益类		
76	**6001**	**主营业务收入**	**1**	**【部门】【项目】**
	600101	设计收入	2	【部门】【项目】
	600102	咨询收入	2	【部门】【项目】
	600199	其他收入	2	【部门】【项目】
77	**6051**	**其他业务收入**	**1**	**【部门】【项目】**
78	**6101**	**公允价值变动损益**	**1**	**【投资项目】**
79	**6111**	**投资收益**	**1**	**【被投资单位】**
	611101	股权投资收益	2	【被投资单位】
	611102	股权投资损失	2	【被投资单位】
80	**6301**	**营业外收入**	**1**	
	630101	盘盈利得	2	
	630102	非流动资产处置利得	2	
	630103	捐赠利得	2	
	630104	债务重组利得	2	
	630105	非货币性资产交换利得	2	
	630106	政府补助利得	2	
	630107	其他	2	

续表

序号	科目编码	会计科目名称	级次	辅助核算
81	**6401**	**主营业务成本**	**1**	【部门】【项目】
	640101	职工薪酬	2	【部门】【项目】
	640102	差旅费	2	【部门】【项目】
	640103	模型制作费	2	【部门】【项目】
	640104	资料费	2	【部门】【项目】
	640105	维修费	2	【部门】【项目】
	640106	水电费	2	【部门】【项目】
	640107	劳保	2	【部门】【项目】
	640108	办公费	2	【部门】【项目】
	640109	折旧费	2	【部门】【项目】
	640110	交通费	2	【部门】【项目】
	640111	邮电通讯费	2	【部门】【项目】
	640112	低值易耗品摊销	2	【部门】【项目】
	640113	咨询顾问费	2	【部门】【项目】
	640114	会议费	2	【部门】【项目】
	640115	出国费	2	【部门】【项目】
	640199	其他	2	【部门】【项目】
82	**6402**	**其他业务成本**	**1**	
	640201	职工薪酬	2	【部门】【项目】
	640202	差旅费	2	【部门】【项目】
	640203	模型制作费	2	【部门】【项目】
	640204	资料费	2	【部门】【项目】
	640205	维修费	2	【部门】【项目】
	640206	水电费	2	【部门】【项目】

续表

序号	科目编码	会计科目名称	级次	辅助核算
	640207	劳保	2	【部门】【项目】
	640208	办公费	2	【部门】【项目】
	640209	折旧费	2	【部门】【项目】
	640210	交通费	2	【部门】【项目】
	640211	邮电通讯费	2	【部门】【项目】
	640212	低值易耗品摊销	2	【部门】【项目】
	640213	咨询顾问费	2	【部门】【项目】
	640214	会议费	2	【部门】【项目】
	640215	出国费	2	【部门】【项目】
	640299	其他	2	【部门】【项目】
83	**6403**	**营业税金及附加**	**1**	
	640301	主营业务税金及附加	2	【部门】【项目】
	64030101	营业税	3	【部门】【项目】
	64030102	城市维护建设税	3	【部门】【项目】
	64030103	教育费附加	3	【部门】【项目】
	64030104	增值税	3	【部门】【项目】
	640302	其他业务税金及附加	2	【部门】【项目】
	64030201	营业税	3	【部门】【项目】
	64030202	城市维护建设税	3	【部门】【项目】
	64030203	教育费附加	3	【部门】【项目】
	64030204	增值税	3	【部门】【项目】
	64030205	房产税	3	【部门】
	64030206	土地使用税	3	【部门】

续表

序号	科目编码	会计科目名称	级次	辅助核算
84	**6601**	**销售费用**	**1**	**【部门】**
	660101	职工薪酬	2	【部门】
	660102	折旧费	2	【部门】
	660103	保险费	2	【部门】
	660104	包装费	2	【部门】
	660105	运输费	2	【部门】
	660106	广告费	2	【部门】
	660107	其他费用	2	【部门】
85	**6602**	**管理费用**	**1**	**【部门】**
	660201	职工薪酬	2	【部门】
	660202	残疾人保障金	2	【部门】
	660203	取暖费	2	【部门】
	660204	水电气费	2	【部门】
	660205	出国费	2	【部门】
	660206	宣传费	2	【部门】
	660207	折旧费	2	【部门】
	660208	税金	2	【部门】
	660209	劳保费用	2	【部门】
	660210	技术开发费	2	【部门】
	660211	业务招待费	2	【部门】
	660212	邮电通讯费	2	【部门】
	660213	会议费	2	【部门】
	660214	低值易耗品摊销	2	【部门】
	660215	差旅费	2	【部门】

续表

序号	科目编码	会计科目名称	级次	辅助核算
	660216	资料费	2	【部门】
	660217	咨询顾问费	2	【部门】
	660218	办公费	2	【部门】
	660219	消防保卫费	2	【部门】
	660220	保险费	2	【部门】
	660221	维修费	2	【部门】
	660222	无形资产摊销	2	【部门】
	660223	物业管理费	2	【部门】
	660224	交通费	2	【部门】
	660225	其他	2	【部门】
86	**6603**	**财务费用**	**1**	**【部门】**
	660301	利息支出	2	【部门】
	660302	汇兑损益	2	【部门】
	660303	手续费	2	【部门】
87	**6701**	**资产减值损失**	**1**	
	670101	坏账损失	2	
	670102	存货跌价损失	2	
	670103	持有至到期投资减值损失	2	
	670104	可供出售金融资产减值损失	2	
	670105	长期股权投资减值损失	2	
	670106	投资性房地产减值损失	2	
	670107	固定资产减值损失	2	

续表

序号	科目编码	会计科目名称	级次	辅助核算
	670108	无形资产减值损失	2	
	670109	在建工程减值损失	2	
	670110	工程物资减值损失	2	
	670111	商誉减值损失	2	
88	**6711**	**营业外支出**	**1**	
	671101	非流动资产处置损失	2	
	671102	非货币性资产交换损失	2	
	671103	债务重组损失	2	
	671104	罚款支出	2	
	671105	公益捐赠支出	2	
	671106	非常损失	2	
	671107	盘亏毁损损失	2	
	671108	其他支出	2	
89	**6801**	**所得税费用**	**1**	
	680101	当期所得税费用	2	
	680102	递延所得税费用	2	
90	6901	以前年度损益调整	1	

第二节　科目核算内容及主要账务处理

一、资产类

1001　库存现金

本科目核算企业的库存现金。

企业的现金支出应主要用于以下业务范围：

（1）支付差旅费、交通费；

（2）支付员工工资、奖金、津贴、个人劳务报酬及劳保福利费等；

（3）根据国家规定支付职工死亡的丧葬费、抚恤金等；

（4）职工取暖费、家属药费及职工培训费的支出；

（5）结算起点以下的零星支出。银行结算起点为 100 元，100 元以上的支出，应尽量使用支票或以汇款方式结算。

主要账务处理：

企业增加库存现金，借记本科目，贷记“银行存款”等科目；减少库存现金作相反分录。

本科目期末借方余额，反映企业持有的库存现金。

1002　银行存款

本科目核算企业存入银行的各种存款。

企业可先按存款种类分为活期存款、定期存款或按币种分为人民币、外汇设置二级科目，并根据开户银行名称设置三级科目或辅助账，进行核算。

银行转账支付业务分为支票、电汇、承兑汇票等方式。

企业从银行领用的空白支票只限本单位使用，不得出租、出借或转让。不得签发空头支票、远期支票。

会计人员签发支票时应填写收款单位名称、签发日期、款项用途和金额，按预留在银行的印鉴盖好印章。如支票确实不能填写准确数额时，会计人员要根据预计金额在支票上注明限额。单位间业务往来，金额超过 100 元的，必须使用支票。禁止使用转账支票套取现金。

主要账务处理：

企业增加银行存款，借记本科目，贷记“库存现金”、“应收账款”等科目；减少银行存款作相反的会计分录。

本科目期末借方余额，反映企业存在银行的各种款项。

1012 其他货币资金

本科目核算企业的银行汇票存款、银行本票存款、信用卡存款、信用证保证金存款、存出投资款、外埠存款等其他货币资金。

企业可按上述类别设置二级科目，并根据银行汇票存款、银行本票存款、信用证保证金存款、存出投资款、外埠存款等的收款单位或开户银行名称设置三级科目或辅助账，进行明细核算。

主要账务处理：

企业增加其他货币资金，借记本科目，贷记“银行存款”科目；减少其他货币资金，借记有关科目，贷记本科目。

本科目期末借方余额，反映企业持有的其他货币资金。

1101 交易性金融资产

本科目核算企业为交易目的持有的债券投资、股票投资、基金投资等交易性金融资产的公允价值。企业持有的直接指定为以公允价值计量，且变动计入当期损益的金融资产，也在本科目核算。

本科目分别设置“成本”和“公允价值变动”两个二级科目，并可按交易性金融资产的类别和品种，设置三级科目或辅助账，进行明细核算。

主要账务处理：

（1）企业取得交易性金融资产，按其公允价值，借记本科目（成本），按发生的交易费用，借记“投资收益”科目，按已到付息期但尚未领取的利息或已宣告但尚未发放的现金股利，借记“应收利息”或“应收股利”科目，按实际支付的金额，贷记“银行存款”等科目。

（2）交易性金融资产持有期间被投资单位宣告发放现金股利，或在资产负债表日按分期付息、一次还本债券投资的票面利率计算的利息，借记“应收股利”或“应收利息”科目，贷记“投资收益”科目。收到现金股利或债券利息时，借记“银行存款”科目，贷记“应收股利”或“应收利息”科目。票面利率与实际利率差异较大的，应采用实际利率计算确定债券利息收入。

(3) 资产负债表日，交易性金融资产的公允价值高于其账面余额的差额，借记本科目（公允价值变动），贷记“公允价值变动损益”科目；公允价值低于其账面余额的差额，作相反的会计分录。

(4) 出售交易性金融资产，应按实际收到的金额，借记“银行存款”等科目，按该金融资产的账面余额，贷记本科目（成本），按其差额，贷记或借记“投资收益”科目。同时，将原计入该金融资产的公允价值变动转出，借记或贷记“公允价值变动损益”科目，贷记或借记“投资收益”科目。

本科目期末借方余额，反映企业持有的交易性金融资产的公允价值。

1121 应收票据

本科目核算企业销售商品，提供设计、咨询等劳务服务而收到的商业汇票，包括银行承兑汇票和商业承兑汇票。

企业可按开出、承兑汇票的单位设置二级科目或辅助账，进行明细核算。

主要账务处理：

(1) 企业因销售商品、提供劳务等而收到开出、承兑的商业汇票，按商业汇票的票面金额，借记本科目，按确认的营业收入，贷记“主营业务收入”等科目。涉及增值税销项税额的，还应进行相应的账务处理。

(2) 企业持未到期的商业汇票向银行贴现，应按实际收到的金额（即减去贴现息后的净额），借记“银行存款”等科目，按贴现息部分，借记“财务费用”等科目，按商业汇票的票面金额，贷记本科目。

(3) 企业将持有的商业汇票背书转让以取得所需物资时，按应计入取得物资成本的金额，借记“材料采购”或“原材料”、“库存商品”等科目，按商业汇票的票面金额，贷记本科目，如有差额，借记或贷记“银行存款”等科目。涉及增值税销项税额的，还应进行相应的账务处理。

（4）商业汇票到期，应按实际收到的金额，借记“银行存款”科目，按商业汇票的票面金额，贷记本科目。

企业应当设置“应收票据备查簿”，逐笔登记每一笔商业汇票的种类、号数和出票日、票面金额、交易合同号和付款人、承兑人、背书人的姓名或单位名称、到期日、背书转让日、贴现日、贴现率和贴现净额以及收款日和收回金额、退票情况等资料，商业汇票到期结清票款或退票后，应当在备查簿内逐笔注销。

本科目期末借方余额，反映企业持有的商业汇票的票面金额。

1122 应收账款

本科目核算企业因销售商品、提供劳务等经营活动应收取的款项。

本科目可按照项目设置二级科目进行明细核算；并按债务人名称设置辅助账，进行辅助明细核算。

因销售商品、提供劳务等，采用递延方式收取合同或协议价款、实质上具有融资性质的，在“长期应收款”科目核算。

主要账务处理：

企业发生应收账款，按应收金额，借记本科目，按确认的营业收入，贷记“主营业务收入”等科目。收回应收账款时，借记“银行存款”等科目，贷记本科目。涉及增值税销项税的，还应进行相应的处理。

企业与债务人进行债务重组，应当分别债务重组的不同方式进行账务处理：

（1）企业收到债务人清偿债务的款项小于该项应收账款账面价值的，应按实际收到的金额，借记“银行存款”等科目，按重组债权已计提的坏账准备，借记“坏账准备”科目，按重组债权的账面余额，贷记本科目，按其差额，借记“营业外支出”科目。

收到债务人清偿债务的款项大于该项应收账款账面价值的，应按实际收到的金额，借记“银行存款”等科目，按重组债权已计提的坏账准备，借记“坏账准备”科目，按重组债权的账面余额，贷记本科目，按其差额，贷记“资产减值损失”科目。

(2) 企业接受债务人用于清偿债务的非现金资产，应按该项非现金资产的公允价值，借记“原材料”、“库存商品”、“固定资产”、“无形资产”等科目，按重组债权的账面余额，贷记本科目，按应支付的相关税费和其他费用，贷记“银行存款”、“应交税费”等科目，按其差额，借记“营业外支出”科目。涉及增值税进项税的，还应进行相应的账务处理。

(3) 将债权转为投资，企业应按应享有股份的公允价值，借记“长期股权投资”科目，按重组债权的账面余额，贷记本科目，按应支付的相关税费和其他费用，贷记“银行存款”、“应交税费”等科目，按其差额，借记“营业外支出”科目。

(4) 以修改其他债务条件进行清偿的，企业应按修改其他债务条件后的债权的公允价值，借记本科目，按重组债权的账面余额，贷记本科目，按其差额，借记“营业外支出”科目。

本科目期末借方余额，反映企业尚未收回的应收账款。

1123 预付账款

本科目核算企业按照合同规定预付的采购材料、设备、工程价款等，以及原制度中在“待摊费用”科目中核算的内容。

本科目可按照采购项目设置二级科目，进行明细核算；并可按供货单位或工程承包人设置辅助账，进行辅助明细核算。

主要账务处理：

(1) 企业因购货而预付的款项，借记本科目，贷记“银行存款”等科目。收到所购物资时，按应计入购入物资成本的金额，借记“材料采购”或“原材料”、“库存商品”、“在建工程”等科目，按实际支付的金额，贷记本科目。补付的款项，借记本科目，贷记“银行存款”等科目；退回多付的款项，作相反的会计分录。涉及增值税进项税的，还应作相应的账务处理。

(2) 企业进行在建工程预付的工程价款，借记本科目，贷记“银行存款”等科目，按工程进度结算工程价款，借记“在建工程”科目，贷记本科目、“银行存款”等科目。

本科目期末借方余额，反映企业预付的款项；期末如为贷方余额，反映企业尚未补付的款项。

1131 应收股利

本科目核算企业应收取的现金股利和应收取其他单位分配的利润。

本科目应当按照被投资单位设置二级科目或辅助账，进行明细核算。

主要账务处理：

(1) 企业取得交易性金融资产时，按支付的价款中所包含的、已宣告但尚未发放的现金股利，借记本科目，按交易性金融资产的公允价值，借记“交易性金融资产——成本”科目，按发生的交易费用，借记“投资收益”科目，按实际支付的金额，贷记“银行存款”等科目。

交易性金融资产持有期间被投资单位宣告发放的现金股利，按应享有的份额，借记本科目，贷记“投资收益”科目。

(2) 取得长期股权投资，按支付的价款中包含的、已宣告但尚未发放的现金股利，借记本科目，按确定的长期股权投资成本，借记“长期股权投资——成本”科目，按实际支付的金额，贷记“银行存款”等科目。

持有期间被投资单位宣告发放现金股利或利润的，按应享有的份额，借记本科目，贷记“投资收益”（成本法）或“长期股权投资——损益调整”科目（权益法）。

被投资单位宣告发放的现金股利或利润属于其在取得本企业投资前实现净利润的分配额，借记本科目，贷记“长期股权投资——成本”等科目。

(3) 企业取得可供出售的金融资产，按实际支付的价款中所包含的、已宣告但尚未发放的现金股利，借记本科目，按可供出售金融资产的公允价值与交易费用之和，借记“可供出售金融资产——

成本”科目，按实际支付的金额，贷记“银行存款”等科目。

（4）实际收到现金股利或利润，借记“银行存款”等科目，贷记本科目等。

本科目期末借方余额，反映企业尚未收回的现金股利或利润。

1132 应收利息

本科目核算企业交易性金融资产、持有至到期投资、可供出售金融资产等应收取的利息。

企业购入的一次还本付息的持有至到期投资持有期间取得的利息，在“持有至到期投资”科目核算。

本科目可按照借款人或被投资单位设置二级科目或辅助账，进行明细核算。

主要账务处理：

（1）企业取得的交易性金融资产，按支付的价款中包含的、已到付息期但尚未领取的利息，借记本科目，按交易性金融资产的公允价值，借记“交易性金融资产——成本”科目，按发生的交易费用，借记“投资收益”科目，按实际支付的金额，贷记“银行存款”等科目。

（2）企业取得的持有至到期投资，应按该投资的面值，借记“持有至到期投资——成本”科目，按支付的价款中包含的、已到付息期但尚未领取的利息，借记本科目，按实际支付的金额，贷记“银行存款”等科目，按其差额，借记或贷记“持有至到期投资——利息调整”科目。

资产负债日，持有至到期投资为分期付息、一次还本债券投资的，应按票面利率计算确定的应收未收利息，借记本科目，按持有至到期投资摊余成本和实际利率计算确定的利息收入，贷记“投资收益”科目，按其差额，借记或贷记“持有至到期投资——利息调整”科目。

持有至到期投资为一次还本付息债券投资的，应于资产负债表日按票面利率计算确定的应收未收利息，借记“持有至到期投资——应计利息”科目，按持有至到期投资摊余成本和实际利率计算确定的利息收入，贷记“投资收益”科目，按其差额，借记或贷记“持有至到期投资——利息调整”科目。

(3) 企业取得可供出售债券投资，比照 (2) 的相关规定进行处理。

(4) 发生减值的持有至到期投资、可供出售债券投资，在资产负债表日，应按摊余成本和实际利率计算确定利息收入，借记“持有至到期投资减值准备（可供出售金融资产减值准备）”科目，贷记“利息收入”科目。

(5) 应收利息实际收到时，借记“银行存款”等科目，贷记本科目。

本科目期末借方余额，反映企业尚未收回的利息。

1221 其他应收款

本科目核算企业除应收票据、应收账款、预付账款、应收股利、应收利息、长期应收款等以外的其他各种应收及暂付的款项，包括企业的投标保证金等。

本科目可根据企业规模分设集团内部往来、集团外部往来、差旅费以及其他等二级科目。“集团内部往来”科目可按项目设置三级明细账，并按子公司名称设置辅助账，核算集团内部单位之间的往来款项。“集团外部往来”主要核算企业与其他企业间的往来业务。目前勘察设计行业各企业涉及与外部单位往来最多的是项目投标保证金和交纳的各项押金，为了便于企业掌握相关信息，可将这两项设置为三级科目进行明细核算；并按照收款单位名称设置辅助账，进行辅助明细核算。此外，由于差旅费已成为勘察设计行业一项重要支出，而且发生频繁，企业应单独设置二级科目，并按借款人姓名设置辅助账，进行明细核算。

主要账务处理：

企业发生各种应收、暂付款项时，借记本科目，贷记“银行存款”、“固定资产清理”等科目；收回或转销各种款项时，借记

"库存现金"、"银行存款"等科目，贷记本科目。

本科目期末借方余额，反映企业尚未收回的其他应收款项。

1231　坏账准备

本科目核算企业应收款项的坏账准备。

为了便于统计各项坏账准备的计提情况，企业可按应收票据、应收账款、预付账款、其他应收款、长期应收款等项目设置二级科目，进行明细核算。

主要账务处理：

（1）资产负债表日，应收款项发生减值的，按应减记的金额，借记"资产减值损失——坏账损失"科目，贷记本科目。本期应计提的坏账准备大于其账面余额的，应按其差额计提；应计提的坏账准备小于其账面余额的差额作相反的会计分录。

（2）对于确实无法收回的应收款项，按管理权限报经批准后作为坏账，转销应收款项，借记本科目，贷记"应收票据"、"应收账款"、"预付账款"、"其他应收款"、"长期应收款"等科目。

（3）已确认并转销的应收款项以后又收回的，应按实际收回的金额，借记"应收票据"、"应收账款"、"预付账款"、"其他应收款"、"长期应收款"等科目，贷记本科目；同时，借记"银行存款"科目，贷记"应收票据"、"应收账款"、"预付账款"、"其他应收款"、"长期应收款"等科目。

对于已确认并转销的应收款项以后又收回的，企业也可以按照实际收回的金额，借记"银行存款"科目，贷记本科目。

本科目期末贷方余额，反映企业已计提但尚未转销的坏账准备。

1401　材料采购

本科目核算企业采用计划成本进行材料日常核算而购入材料的采购成本。

采用实际成本进行材料日常核算的，购入材料的采购成本，通过"在途物资"科目核算。委托外单位加工材料、商品的加工成本，通过“委托加工物资”科目核算。企业购入的工程用材料，通过“工程物资”科目核算。

本科目可按照物资品种设置二级科目，进行明细核算；并可按供货单位设置辅助账，进行辅助账核算。

主要账务处理：

（1）企业支付材料价款和运杂费等，按应计入材料采购成本的金额，借记本科目，按实际支付或应付的金额，贷记“银行存款”、“库存现金”、“其他货币资金”、“应付账款”、“应付票据”、“预付账款”等科目。涉及增值税进项税的，还应进行相应的账务处理。

（2）期末，企业应将仓库转来的外购收料凭证，分别下列不同情况进行处理：

①对于已经付款或已开出、承兑商业汇票的收料凭证，应按实际成本和计划成本分别汇总，按计划成本，借记“原材料”、“周转材料”等科目，贷记本科目；将实际成本大于计划成本的差异，借记“材料成本差异”科目，贷记本科目；实际成本小于计划成本的差异，作相反的会计分录。

②对于尚未收到发票账单的收料凭证，应按计划成本暂估入账，借记“原材料”、“周转材料”等科目，贷记“应付账款”科目，下期初作相反分录予以冲回。下期收到发票账单的收料凭证，借记本科目，贷记“银行存款”、“应付账款”、“应付票据”等科目。涉及增值税进项税的，应进行相应的账务处理。

本科目的期末借方余额，反映企业在途材料的采购成本。

1402 在途物资

本科目核算企业采用实际成本（或进价）进行材料、商品等物资的日常核算、货款已付尚未验收入库的在途物资的采购成本。

本科目可按照物资类别设置二级科目，进行明细核算；并可按供货单位设置辅助账，进行辅助明细核算。

主要账务处理：

（1）企业购入材料、商品，按应计入材料、商品采购成本的金额，借记本科目，按实际支付或应支付的金额，贷记“银行存款”、“应付账款”、“应付票据”等科目。涉及增值税进项税的，应进行相应的账务处理。

（2）所购材料、商品到达验收入库，借记“原材料”、“库存商品”等科目，贷记本科目。

库存商品采用售价核算的，按售价，借记“库存商品”科目，按进价，贷记本科目，进价与售价之间的差额，借记或贷记“商品进销差价”科目。

本科目期末借方余额，反映企业在途材料、商品等物资的采购成本。

1403　原材料

本科目核算企业库存的各种材料，包括企业工程施工用原料及辅助材料，设计项目使用的晒图纸，复印纸，模型材料，包装物，日常办公、维修需用的储备材料等的计划成本或实际成本。

本科目可按照材料类别设置二级科目，进行明细核算；按供货单位名称设置辅助账，进行辅助明细核算。

主要账务处理：

（1）企业购入并已验收入库的原材料，按计划成本或实际成本，借记本科目，按实际成本贷记“材料采购”或“在途物资”科目，按计划成本与实际成本的差异，借记或贷记“材料成本差异”科目。

（2）委托外单位加工完成并已验收入库的材料，按计划成本或实际成本，借记本科目，按实际成本，贷记“委托加工物资”科目，按计划成本与实际成本的差异，借记或贷记“材料成本差异”科目。

（3）设计、经营、管理领用材料，借记“劳务成本”、“销售费用”、“管理费用”等科目，贷记本科目。基建工程等部门领用材料，按计划成本或实际成本加上不予抵扣的增值税额等，借记

“在建工程”等科目，按实际成本或计划成本，贷记本科目。

（4）出售材料结转成本，借记“其他业务成本”科目，贷记本科目。

（5）委托外单位加工的材料，借记“委托加工物资”科目，贷记本科目。

采用计划成本进行材料日常核算的，发出材料还应结转材料成本差异，将发出材料的计划成本调整为实际成本。

采用实际成本进行材料日常核算的，发出材料的实际成本，可以采用先进先出法、加权平均法或个别认定法计算确定。

本科目期末借方余额，反映企业库存材料的计划成本或实际成本。

1404 材料成本差异

本科目核算企业采用计划成本进行日常核算的材料计划成本与实际成本的差异。

本科目可按材料种类设置二级科目或辅助账，进行明细核算。

主要账务处理：

（1）入库材料发生的材料成本差异，实际成本大于计划成本的差异，借记本科目，贷记“材料采购”科目；实际成本小于计划成本的差异作相反的会计分录。

（2）结转发出材料应负担的材料成本差异，实际成本大于计划成本的差异，借记“生产成本”、“管理费用”、“销售费用”、“委托加工物资”、“劳务成本”、“其他业务成本”等科目，贷记本科目；实际成本小于计划成本的差异，作相反的会计分录。

发出材料应负担的成本差异应当按期（月）分摊，不得在季末或年末一次计算。发出材料应负担的成本差异，除委托外部加工发出材料可按期初成本差异率计算外，应使用当期的实际差异率；期初成本差异率与本期成本差异率相差不大的，也可按期初成本差异率计算。计算方法一经确定，不得随意变更。材料成本差异率的计算公式如下：

本期材料成本差异率 =（期初结存材料的成本差异 + 本期验收入库材料的成本差异）÷（期初结存材料的计划成本 + 本期验收入库材料的计划成本）×100%

期初材料成本差异率 = 期初结存材料的成本差异 ÷ 期初结存材料的计划成本 ×100%

发出材料应负担的成本差异 = 发出材料的计划成本 × 材料成本差异率

本科目期末借方余额，反映企业库存原材料等的实际成本大于计划成本的差异；贷方余额反映企业库存材料等的实际成本小于计划成本的差异。

1405 库存商品（开发产品）

本科目核算企业库存的各种商品的实际成本（或进价）或计划成本（或售价），企业（房地产开发）的开发产品，可将本科目改为“1405 开发产品”科目进行核算。

本科目应当按照库存商品的种类、品种和规格进行明细核算；并可按供货单位设置辅助账，进行辅助明细核算。

主要账务处理：

（1）购入商品采用进价核算的，在商品到达验收入库后，按商品进价，借记本科目，贷记“银行存款”、“在途物资”等科目。委托外单位加工收回的商品或材料，按商品等的进价，借记本科目，贷记“委托加工物资”科目。

购入商品采用售价核算的，在商品到达验收入库后，按商品售价，借记本科目，按商品进价，贷记“银行存款”、“在途物资”等科目，按商品售价与进价的差额，贷记“商品进销差价”科目。委托外单位加工收回的商品或材料，按商品的售价，借记本科目，按委托加工商品的账面余额，贷记“委托加工物资”科目，按商品售价与进价的差额，贷记“商品进销差价”科目。

对外销售商品（包括采用分期付款方式销售商品），结转销售成本时，借记“主营业务成本”科目，贷记本科目。采用进价进行商品日常核算的，发出商品的实际成本，可以采用先进先出法、加权平均法或个别认定法计算确定。采用售价核算的，还应结转应分摊的商品进销差价。

（2）房地产开发企业开发的产品，达到预定可使用状态时，按实际成本，借记“开发产品”科目，贷记“开发成本”科目。

期末，企业结转对外转让、销售和结算开发产品的实际成本，借记“主营业务成本”科目，贷记本科目（开发产品）。企业将开发的营业性配套设施用于本企业从事第三产业经营用房，应视同自用固定资产进行处理，并将营业性配套设施的实际成本，借记“固定资产”科目，贷记本科目（开发产品）。

本科目期末借方余额，反映企业库存商品的实际成本（或进价）或计划成本（或售价）。

1406 发出商品

本科目核算企业未满足收入确认条件但已发出商品的实际成本（或进价）或计划成本（或售价）。

本科目可按商品类别或品种设置二级科目，进行明细核算；并可按购货单位名称设置辅助账，进行辅助明细核算。

主要账务处理：

（1）对于未满足收入确认条件的发出商品，应按发出商品的实际成本（或进价）或计划成本（或售价），借记本科目，贷记“库存商品”科目。

发出商品发生退回的，应按退回商品的实际成本（或进价）或计划成本（或售价），借记“库存商品”科目，贷记本科目。

（2）发出商品满足收入确认条件时，应结转销售成本，借记“主营业务成本”科目，贷记本科目。采用计划成本或售价核算的，还应结转应分摊的产品成本差异或商品进销差价。

本科目期末借方余额，反映企业发出商品的实际成本（或进价）或计划成本（或售价）。

1407 商品进销差价

本科目核算企业采用售价进行日常核算的商品售价与进价之间的差额。

本科目可按商品类别设置二级科目或辅助账进行明细核算。

主要账务处理：

(1) 企业购入、加工收回以及销售退回等增加的库存商品，按商品售价，借记“库存商品”科目，按商品进价，贷记“银行存款”、“委托加工物资”等科目，售价与进价之间的差额，贷记本科目。

(2) 期（月）末分摊已销商品的进销差价，借记本科目，贷记“主营业务成本”科目。

销售商品应分摊的商品进销差价，按以下方法计算：

商品进销差价率＝月末分摊前本科目余额÷（“库存商品”科目期末余额＋“发出商品”科目期末余额＋本期“主营业务收入”科目贷方发生额）×100%

本期销售商品应分摊的商品进销差价＝本期“主营业务收入”科目贷方发生额×商品进销差价率

上述所称“主营业务收入”，是指采用售价进行商品日常核算的销售商品所取得的收入。

企业的商品进销差价率各期之间比较均衡的，也可以采用上期商品进销差价率计算分摊本期销售商品应分摊的商品进销差价。企业无论采用当期商品进销差价率还是上期商品进销差价率计算分摊商品进销差价，均应在年度终了，对商品进销差价进行核实调整。

本科目的期末贷方余额，反映企业库存商品的商品进销差价。

1408 委托加工物资

本科目核算企业委托外单位加工的各种材料、商品等物资的实际成本。

本科目可按加工物资的品种设置二级科目，进行明细核算；并根据加工合同和受托加工单位设置辅助账，进行辅助明细核算。

主要账务处理：

（1）企业发给外单位加工的物资，按实际成本，借记本科目，贷记“原材料”、“库存商品”等科目；按计划成本或售价核算的，还应同时结转材料成本差异或商品进销差价。

（2）支付加工费、运杂费等，借记本科目，贷记“银行存款”等科目；需要交纳消费税的委托加工物资，由受托方代收代缴的消费税，借记本科目（收回后用于直接销售的）或“应交税费——应交消费税”科目（收回后用于继续加工的），贷记“应付账款”、“银行存款”等科目。

（3）加工完成验收入库的物资和剩余的物资，按加工收回物资的实际成本和剩余物资的实际成本，借记“原材料”、“库存商品”等科目，贷记本科目。

采用计划成本或售价核算的，按计划成本或售价，借记“原材料”或“库存商品”科目，按实际成本，贷记本科目，按实际成本与计划成本或售价之间的差额，借记或贷记“材料成本差异”科目或贷记“商品进销差价”科目。

采用计划成本或售价核算的，也可采用上期材料成本差异率或商品进销差价率计算分摊本期应分摊的材料成本差异或商品进销差价。

本科目期末借方余额，反映企业委托外单位加工尚未完成物资的实际成本。

1411 周转材料

本科目核算企业能够多次使用，并可基本保持原来的形态而逐渐转移其价值的各种周转材料的计划成本或实际成本，包括包装物、低值易耗品，以及企业（建筑承包商）的钢模版、木模版、脚手架等。

本科目可分别设置包装物、低值易耗品、施工用周转材料等设置二级科目，进行明细核算；并可根据材料类别设置辅助账，进行辅助明细核算。

主要账务处理：

（1）企业购入、委托外单位加工完成并已验收入库的周转材料等，比照“原材料”科目进行处理。

（2）生产、管理领用包装物等周转材料，采用一次转销法的，领用时应按其账面价值，借记“劳务成本”、“工程施工”、“其他业务成本”、“管理费用”等科目，贷记本科目。

周转材料报废时，应按报废周转材料的残料价值，借记“原材料”等科目，贷记“管理费用”、“劳务成本”、“销售费用”、“工程施工”等科目。

（3）周转材料采用计划成本进行日常核算的，领用等发出周转材料时，还应同时结转应分摊的成本差异。

本科目期末借方余额，反映企业库存周转材料的计划成本或实际成本以及在用周转材料的摊余价值。

1421 消耗性生物资产

本科目核算企业持有的消耗性生物资产的价值。本科目主要适用于农业企业，但由于勘察设计行业已广泛涉足工程总承包、设计施工“一条龙”服务，为完成园林景观工程项目，设计企业会持有一定数量的林木资产。因此，在这里借用农业企业的核算科目，进行设计企业持有的消耗性生物资产的核算。

本科目应当按照消耗性生物资产的种类设置二级科目，进行明细核算。

主要账务处理：

（1）外购的消耗性生物资产，按应计入消耗性生物资产成本的金额，借记本科目，贷记“银行存款”、“应付账款”、“应付票据”等科目。

自行营造的林木类消耗性生物资产，应按郁闭前发生的必要支出，借记本科目，贷记“银行存款”等科目。

（2）以其他方式取得的消耗性生物资产，按不同方式下确定的应计入消耗性生物资产成本的金额，借记本科目，贷记有关科目。

(3) 择伐、间伐或抚育更新性质采伐而补植林木类消耗性生物资产发生的后续支出，借记本科目，贷记“银行存款”等科目。林木类消耗性生物资产达到郁闭后发生的管护费用等后续支出，借记“管理费用”科目，贷记“银行存款”等科目。

本科目期末借方余额，反映企业消耗性生物资产的实际成本。

1471 存货跌价准备

本科目核算企业存货发生减值时计提的存货跌价准备。企业对消耗性生物资产计提的跌价准备，也在本科目核算。

本科目按原材料、库存商品、周转材料、消耗性生物资产，以及未结转的建造合同成本大于收入的项目等大类设置二级科目，进行明细核算。

主要账务处理：

(1) 资产负债表日，存货发生减值的，按存货可变现净值低于成本的差额，借记“资产减值损失——存货跌价损失”科目，贷记本科目。

已计提跌价准备的存货价值以后又得以恢复，应在原已计提的存货跌价准备金额内，按恢复增加的金额，借记本科目，贷记“资产减值损失——存货跌价损失”科目。

发出存货结转计提的存货跌价准备的，借记本科目，贷记“主营业务成本”、“生产成本”等科目。

(2) 企业（建造承包商）建造合同执行中预计总成本超过合同总收入的，应按其差额，借记“资产减值损失——存货跌价损失”科目，贷记本科目。合同完工时，借记本科目，贷记“主营业务成本”科目。

本科目期末贷方余额，反映企业已计提但尚未转销的存货跌价准备。

1501 持有至到期投资

本科目核算企业持有至到期投资的摊余成本。

企业可在本科目下设“成本”、“利息调整”、“应计利息”等进行二级明细核算；并按企业持有至到期投资类别设置辅助账，进行辅助明细核算。

主要账务处理：

（1）企业取得的持有至到期投资，应按该投资的面值，借记本科目（成本），按支付的价款中包含的已到付息期但尚未领取的利息，借记“应收利息”科目，按实际支付的金额，贷记“银行存款”等科目，按其差额，借记或贷记本科目（利息调整）。

（2）资产负债表日，持有至到期投资为分期付息、一次还本债券投资的，应按票面利率计算确定的应收未收利息，借记“应收利息”科目，按持有至到期投资摊余成本和实际利率计算确定的利息收入，贷记“投资收益”科目，按其差额，借记或贷记本科目（利息调整）。

持有至到期投资为一次还本付息债券投资的，应于资产负债表日按票面利率计算确定的应收未收利息，借记本科目（应计利息），按持有至到期投资摊余成本和实际利率计算确定的利息收入，贷记“投资收益”科目，按其差额，借记或贷记本科目（利息调整）。

（3）持有至到期投资重分类为可供出售金融资产的，应在重分类日按其公允价值，借记“可供出售金融资产”科目，按其账面余额，贷记本科目（成本、利息调整、应计利息），按其差额，贷记或借记“资本公积——其他资本公积”科目。已计提减值准备的，还应同时结转减值准备。

（4）出售持有至到期投资，应按实际收到的金额，借记“银行存款”等科目，按其账面余额，贷记本科目（成本、利息调整、应计利息），按其差额，贷记或借记“投资收益”科目。已计提减值准备的，还应同时结转减值准备。

本科目期末借方余额，反映企业持有至到期投资的摊余成本。

1502　持有至到期投资减值准备

本科目核算企业持有至到期投资的减值准备。

本科目可按持有至到期投资类别设置二级科目或辅助账进行明

细核算。

主要账务处理：

资产负债表日，持有至到期投资发生减值的，按应减记的金额，借记“资产减值损失——持有至到期投资减值损失”科目，贷记本科目。

已计提减值准备的持有至到期投资价值以后又得以恢复，应在原已计提的减值准备金额内，按恢复增加的金额，借记本科目，贷记“资产减值损失——持有至到期投资减值损失”科目。

本科目期末贷方余额，反映企业已计提但尚未转销的持有至到期投资减值准备。

1503 可供出售金融资产

本科目核算企业持有的可供出售金融资产的公允价值，包括划分为可供出售的股票投资、债券投资等金融资产。

本科目按照可供出售金融资产分别“成本”、“利息调整”、“应计利息”、“公允价值变动”等进行明细核算；并可按照可供出售金融资产的类别设置辅助账，进行辅助明细核算。

主要账务处理：

（1）企业取得可供出售的金融资产时，应按其公允价值与交易费用之和，借记本科目（成本），按支付的价款中包含的已宣告但尚未发放的现金股利，借记“应收股利”科目，按实际支付的金额，贷记“银行存款”等科目。

企业取得可供出售金融资产为债券投资的，应按债券的面值，借记本科目（成本），按支付的价款中包含的已到付息期但尚未领取的利息，借记“应收利息”科目，按实际支付的金额，贷记“银行存款”等科目，按差额，借记或贷记本科目（利息调整）。

（2）资产负债表日，可供出售债券为分期付息、一次还本债券投资的，应按票面利率计算确定的应收未收利息，借记“应收利息”科目，按可供出售债券的摊余成本和实际利率计算确定的利息收入，贷记“投资收益”科目，按其差额，借记或贷记本科目

（利息调整）。

可供出售债券为一次还本付息债券投资的，应于资产负债表日按票面利率计算确定的应收未收利息，借记本科目（应计利息），按可供出售债券摊余成本和实际利率计算确定的利息收入，贷记“投资收益”科目，按其差额，借记或贷记本科目（利息调整）。

（3）资产负债表日，可供出售金融资产的公允价值高于其账面余额的差额，借记本科目（公允价值变动），贷记“资本公积——其他资本公积”科目；公允价值低于其账面余额的差额，作相反的会计分录。

确定可供出售金融资产发生减值的，按应减记的金额，借记“资产减值损失——可供出售金融资产减值损失”科目，按应从所有者权益中转出原计入资本公积的累计损失金额，贷记“资本公积——其他资本公积”科目，按其差额，贷记本科目（公允价值变动）。

对于已确认减值损失的可供出售金融资产，在随后会计期间内公允价值已上升且客观上与确认原减值损失事项有关的，应按原确认的减值损失，借记本科目（公允价值变动），贷记“资产减值损失——可供出售金融资产减值损失”科目；但可供出售金融资产为股票等权益工具投资的（不含在活跃市场没有报价、公允价值不能可靠计量的权益工具投资），借记本科目（公允价值变动），贷记“资本公积——其他资本公积”科目。

（4）将持有至到期投资重分类为可供出售金融资产的，应在重分类日按其公允价值，借记本科目，按其账面余额，贷记“持有至到期投资”科目，按其差额，贷记或借记“资本公积——其他资本公积”科目。已计提减值准备的，还应同时结转减值准备。

（5）出售可供出售金融资产，应按实际收到的金额，借记“银行存款”等科目，按其账面余额，贷记本科目（成本、公允价值变动、利息调整、应计利息），按应从所有者权益中转出的公允价值累计变动额，借记或贷记“资本公积——其他资本公积”科目，按其差额，贷记或借记“投资收益”科目。

本科目期末借方余额，反映企业可供出售金融资产的公允价值。

1504 可供出售金融资产减值准备

本科目核算企业持有的可供出售金融资产的减值准备。

本科目可按持有可供出售金融资产的投资项目设置二级科目或辅助账，进行明细核算。

主要账务处理：

资产负债表日，可供出售金融资产发生减值的，按应减记的金额，借记“资产减值损失——可供出售金融资产减值损失”科目，贷记本科目。

已计提减值准备的可供出售金融资产价值以后又得以恢复，应在原已计提的减值准备金额内，按恢复增加的金额，借记本科目，贷记“资产减值损失——可供出售金融资产减值损失”科目。

本科目期末贷方余额，反映企业已计提但尚未转销的可供出售金融资产减值准备。

1511 长期股权投资

本科目核算企业持有的采用成本法和权益法核算的长期股权投资。

采用权益法核算的长期股权投资，要分别设置“成本”、“损益调整”、“其他权益变动”等科目，进行二级明细核算；并可根据被投资单位设置辅助账，进行明细辅助核算。采用成本法核算的长期股权投资，可直接按被投资单位设置辅助账，进行明细核算。

主要账务处理：

（1）初始取得长期股权投资

同一控制下企业合并形成的长期股权投资，应在合并日按取得被合并方所有者权益账面价值的份额，借记本科目，按应享有被投资单位已宣告但尚未发放的现金股利或利润，借记“应收股利”科目，按支付的合并对价的账面价值，贷记有关资产或借记有关负债科目，按其差额，贷记“资本公积——资本溢价或股本溢价”科目；为借方差额的，借记“资本公积——资本溢价或股本溢价”科目，资本公积（资本溢价或股本溢价）不足冲减的，应借记“盈余公积”、“利润分配——未分配利润”科目。

非同一控制下企业合并形成的长期股权投资，应在购买日按企业合并成本（不含应自被投资单位收取的现金股利或利润），借记本科目，按应享有被投资单位已宣告但尚未发放的现金股利或利润，借记“应收股利”科目，按支付合并对价的账面价值，贷记有关资产或借记有关负债科目，按发生的直接相关费用，贷记“银行存款”等科目，按其差额，贷记“营业外收入”或借记“营业外支出”等科目。非同一控制下企业合并涉及以库存商品等作为合并对价的，应按库存商品的公允价值，贷记“主营业务收入”科目，并同时结转相关的成本。涉及增值税的，还应作相应的处理。

以支付现金、非现金资产等其他方式（非企业合并）取得的长期股权投资，比照非同一控制下企业合并形成的长期股权投资的相关规定进行账务处理。

投资者投入的长期股权投资，应按确定的长期股权投资成本，借记本科目，贷记“实收资本”或“股本”科目。

（2）采用成本法核算的长期股权投资的处理

长期股权投资采用成本法核算的，应按被投资单位宣告发放的现金股利或利润中属于本企业的部分，借记“应收股利”科目，贷记“投资收益”科目；属于被投资单位在取得本企业投资前实现净利润的分配额，应作为投资成本的收回，借记“应收股利”科目，贷记本科目（成本）。

（3）采用权益法核算的长期股权投资的处理

①长期股权投资的初始投资成本大于投资时应享有被投资单位可辨认净资产公允价值份额的，不调整已确认的初始投资成本；长期股权投资的初始投资成本小于投资时应享有被投资单位可辨认净资产公允价值份额的，应按其差额，借记本科目（成本），贷记

"营业外收入"科目。

②根据被投资单位实现的净利润或经调整的净利润计算应享有的份额，借记本科目（损益调整），贷记"投资收益"科目。被投资单位发生净亏损作相反的会计分录，但以本科目的账面价值减记至零为限；还需承担的投资损失，应将其他实质上构成对被投资单位净投资的"长期应收款"等的账面价值减记至零为限；除按照以上步骤已确认的损失外，按照投资合同或协议约定将承担的损失，确认为预计损失。发生亏损的被投资单位以后实现净利润的，应按与上述相反的顺序进行处理。

被投资单位以后宣告发放现金股利或利润时，企业计算应分得的部分，借记"应收股利"科目，贷记本科目（损益调整）。收到被投资单位宣告发放的股票股利，不进行账务处理，但应在备查簿中登记。

③在持股比例不变的情况下，被投资单位除净损益以外所有者权益的其他变动，企业按持股比例计算应享有的份额，借记或贷记本科目（其他权益变动），贷记或借记"资本公积——其他资本公积"科目。

（4）长期股权投资核算方法转换的处理

将长期股权投资自成本法转按权益法核算的，应按转换时该项长期股权投资的账面价值作为权益法核算的初始投资成本，初始投资成本小于转换时占被投资单位可辨认净资产公允价值份额的差额，借记本科目（成本），贷记"营业外收入"科目。

长期股权投资自权益法转按成本法核算的，除构成企业合并的以外，应按中止采用权益法时长期股权投资的账面价值作为成本法核算的初始投资成本。

（5）处置长期股权投资的处理

处置长期股权投资时，应按实际收到的金额，借记"银行存款"等科目，按其账面余额，贷记本科目，按尚未领取的现金股利或利润，贷记"应收股利"科目，按其差额，贷记或借记"投资收益”科目。已计提价值准备的，还应同时结转减值准备。

采用权益法核算的长期股权投资的处置，除上述规定外，还应结转原记入资本公积的相关金额，借记或贷记“资本公积——其他资本公积”科目，贷记或借记“投资收益”科目。

本科目期末借方余额，反映企业长期股权投资的价值。

1512 长期股权投资减值准备

本科目核算企业长期股权投资的减值准备。

本科目可按被投资单位设置二级科目或辅助账，进行明细核算。

主要账务处理：

资产负债表日，长期股权投资发生减值的，按应减记的金额，借记“资产减值损失——长期股权投资减值损失”科目，贷记本科目。

处置长期股权投资时，应同时结转已计提的长期股权投资减值准备。

本科目期末贷方余额，反映企业已计提但尚未转销的长期股权投资减值准备。

1521 投资性房地产

本科目核算企业投资性房地产的价值，包括投资性房地产和采用公允价值模式计量的投资性房地产。建议勘察设计行业采用成本模式对投资性房地产进行计量。

采用成本模式计量投资性房地产的累计折旧或累计摊销，单独设置“1522 投资性房地产累计折旧（摊销）”科目进行处理。

采用成本模式计量投资性房地产发生减值的，单独设置“1523 投资性房地产减值准备”科目进行处理。

本科目可按投资性房地产的类别设置二级科目，进行明细核算。

主要账务处理：

（1）企业外购、自行建造等取得的投资性房地产，按应计入投资性房地产成本的金额，借记本科目，贷记“银行存款”、“在建工程”等科目。

(2) 将作为存货的房产转换为投资性房地产的，应按其在转换日的账面余额，借记本科目，贷记“开发产品”等科目。已计提跌价准备的，还应同时结转跌价准备。

将自用的建筑物等转换为投资性房地产的，应按其在转换日的原价、累计折旧、减值准备等分别转入本科目、“投资性房地产累计折旧（摊销）”、“投资性房地产减值准备”科目。

(3) 按期（月）对投资性房地产计提折旧或进行摊销，借记“其他业务成本”科目，贷记“投资性房地产累计折旧（摊销）”科目。取得的租金收入，借记“银行存款”等科目，贷记“其他业务收入”科目。

(4) 将投资性房地产转为自用时，应按其在转换日的账面余额、投资性房地产累计折旧、投资性房地产减值准备等，分别转入“固定资产”、“累计折旧”、“固定资产减值准备”等科目。

(5) 处置投资性房地产时，应按实际收到的金额，借记“银行存款”等科目，贷记“其他业务收入”科目。按该项投资性房地产的累计折旧或累计摊销，借记“投资性房地产累计折旧（摊销）”科目，按该项投资性房地产的账面余额，贷记本科目，按其差额，借记“其他业务成本”科目。已计提减值准备的，还应同时结转减值准备。

投资性房地产作为企业主要业务的，应通过“主营业务收入”和“主营业务成本”科目核算相关损益。

本科目期末借方余额，反映企业采用成本模式计量的投资性房地产的成本。

1522 投资性房地产累计折旧

本科目核算企业以成本模式计量的投资性房地产计提的累计折旧或累计摊销。

本科目可按照投资性房地产的资产类别设置二级科目，进行明细核算。

主要账务处理：

企业按期（月）计提投资性房地产累计折旧（摊销），借记“其他业务成本”，贷记本科目。

本科目期末贷方余额，反映企业投资性房地产累计折旧（摊销）额。

1523　投资性房地产减值准备

本科目核算企业投资性房地产发生减值时计提的减值准备。

本科目可按照投资性房地产的资产类别设置二级科目，进行明细核算。

主要账务处理：

资产负债表日，企业投资性房地产发生减值的，按应减记的金额，借记“资产减值损失——投资性房地产减值损失”科目，贷记本科目。处置投资性房地产时，应同时结转已计提的减值准备。

本科目期末贷方余额，反映企业已计提但尚未转销的投资性房地产减值准备。

1531　长期应收款

本科目核算企业的长期应收款项，包括融资租赁产生的应收款项、采用递延方式分期收款、实质上具有融资性质的销售商品和提供劳务等经营活动产生的应收款项，以及实质上构成对被投资单位的长期权益。

本科目可按债务人设置二级科目，进行明细核算。

主要账务处理：

（1）企业采用递延方式分期收款销售商品或提供劳务等经营活动产生的长期应收款，满足收入确认条件的，按应收合同或协议价款，借记本科目，按应收合同或协议价款的公允价值（折现值），贷记“主营业务收入”等科目，按其差额，贷记“未实现融资收益”科目。涉及增值税的，还应进行相应的处理。

（2）如有实质上构成对被投资单位净投资的长期权益，被投资单位发生的净亏损应由本企业承担的部分，在“长期股权投资”的账面价值减记至零以后，还需承担的投资损失，应以本科目中实质上构成了对被投资单位净投资的长期权益部分账面价值减记至零为限，继续确认投资损失，借记“投资收益”科目，贷记本科目。除上述已确认的投资损失外，投资合同或协议约定仍应承担的损失，确认为预计损失。

本科目的期末借方余额，反映企业尚未收回的长期应收款。

1532 未实现融资收益

本科目核算企业采用递延方式分期收款、实质上具有融资性质的销售商品或提供劳务等经营活动未实现融资收益。

本科目可按未实现融资收益项目进行明细核算。

主要账务处理：

企业采用递延式分期收款、实质上具有融资性质的销售商品或提供劳务等经营活动中产生的长期应收款，满足收入确认条件的，按应收的合同或协议价款，借记“长期应收款”科目，按应收的合同或协议价款的公允价值，贷记“主营业务收入”等科目，按其差额，贷记本科目。涉及增值税的，还应进行相应的账务处理。

本科目期末贷方余额，反映企业尚未转入当期收益的未实现融资收益。

1601 固定资产

本科目核算企业持有固定资产的原价。

下列各项满足固定资产确认条件的，也在本科目核算：

（1）企业（建造承包商）为保证施工和管理的正常进行而购建的各种临时设施。

（2）企业购置计算机硬件所附带的、未单独计价的软件，与所购置的计算机硬件一并作为固定资产。

（3）企业为开发新产品、新技术购置的符合固定资产定义和确认条件的设备。

未作为固定资产管理的工具、器具等，在“周转材料——包装物（或低值易耗品）”科目核算。

本科目应当按照固定资产类别设置二级科目，进行明细核算；并可按管理或使用部门设置辅助账，进行辅助明细核算。主要可设置以下二级科目：

160101 土地。核算国家无偿划拨给企业的土地使用权的账面原值。

160102 房屋及建筑物。核算房屋：包括办公用房、厂房、营业用房、职工单身宿舍、库房、食堂及其他房屋；建筑物：包括篮球场、道路、管道、烟囱、围墙，以及房屋建筑物内的通风、上下水、通油管道、通讯、输电线路、电梯、卫生设备等；临时设施等的原值。

160103 交通工具。核算各类汽车、摩托车等的原值。

160104 电子设备。核算电脑主机、服务器、显示器、电视机、扫描仪、复印机、照相设备、数码相机、打印机、投影仪、由程控系统控制的监测设备、网络设备、通讯设备、未单独计价的软件的原值。

160105 机械和其他设备。核算包括各类晒图、施工、检测设备等的原值。

160106 工器具及家具。核算在生产中起辅助作用的器具、工具，如：空调、锅（茶）炉等；各类办公家具、床具等的原值。

160107 融资租入固定资产。核算融资租入固定资产的原值。

主要账务处理：

（1）企业购入不需要安装的固定资产，按应计入固定资产成本的金额，借记本科目，贷记“银行存款”、“其他应付款”、“应付票据”等科目。

购入需要安装的固定资产，先记入“在建工程”科目，安装完毕、达到预定可使用状态时再转入本科目。

购入固定资产超过正常信用条件延期支付价款，实质上具有融资性质的，按应付购买价款的现值，借记本科目或“在建工程”科目，按应支付的金额，贷记“长期应付款”科目，按其差额，借记“未确认融资费用”科目。

（2）自行建造达到预定可使用状态的固定资产，借记本科目，贷记“在建工程”科目。

已达到预定可使用状态、但尚未办理竣工决算手续的固定资产，可先按估计价值入账，待确定实际价值后再进行调整。

（3）融资租入的固定资产，在租赁期开始日，按应计入固定资产成本的金额（租赁开始日租赁资产公允价值与最低租赁付款额现值两者中较低者，加上初始直接费用），借记本科目或“在建工程”科目，按最低租赁付款额，贷记“长期应付款”科目，按发生的初始直接费用，贷记“银行存款”等科目，按其差额，借记“未确认融资费用”科目。

租赁期届满，企业取得该项固定资产所有权的，应将该项固定资产从“融资租入固定资产”明细科目转入有关明细科目。

（4）处置固定资产时，按该项固定资产账面价值，借记“固定资产清理”科目，按已提的累计折旧，借记“累计折旧”科目，已计提减值准备的，借记“固定资产减值准备”科目，按其账面余额，贷记本科目。

本科目期末借方余额，反映企业固定资产的原价。

1602 累计折旧

本科目核算企业对固定资产计提的累计折旧。

本科目可按照固定资产的类别设置二级科目进行明细核算；并可按管理或使用部门设置辅助账，进行辅助明细核算。二级科目主要包括以下内容：

160201 房屋及建筑物。核算计提的房屋及建筑物折旧。

160202 交通工具。核算计提的交通工具折旧。

160203 电子设备。核算计提的电子设备折旧。

160204 机械和其他设备。核算计提的机器、机械及其他设备折旧。

160205 工器具及家具。核算计提的工具、器具及家具折旧。

160206 融资租入固定资产。核算计提融资租入固定资产折旧。

国家无偿划拨给企业的土地使用权，不计提折旧。

主要账务处理：

企业按期（月）计提固定资产折旧，借记“销售费用”、“管理费用”、“劳务成本”、“其他业务成本”、“研发支出”等科目，贷记本科目。处置固定资产要同时结转累计折旧。

本科目期末贷方余额，反映企业固定资产的累计折旧额。

1603 固定资产减值准备

本科目核算企业固定资产的减值准备。

本科目可按固定资产的类别设置二级科目，进行明细核算；并可按管理或使用部门设置辅助账，进行辅助明细核算。二级科目主要包括以下内容：

160301 房屋及建筑物：核算计提的房屋及建筑物的减值准备。

160302 交通工具：核算计提的交通工具的减值准备。

160303 电子设备：核算计提的电子设备的减值准备。

160304 机械和其他设备：核算计提的机器、机械及其他设备的减值准备。

160305 工器具及家具：核算计提的工具、器具及家具的减值准备。

160306 融资租入固定资产：核算计提融资租入固定资产的减值准备。

主要账务处理：

资产负债表日，固定资产发生减值的，按应减记的金额，借记“资产减值损失——固定资产减值损失”科目，贷记本科目。处置固定资产时，应同时结转已计提的固定资产减值准备。

本科目期末贷方余额，反映企业已计提但尚未转销的固定资产减值准备。

1604 在建工程

本科目核算企业基建、更新改造等在建工程发生的支出。

本科目应分别设置以下二级科目，进行明细核算；并按工程项目设置辅助账，进行辅助明细核算。二级科目包括：

160401 建筑工程：核算自建或外包建筑工程的各项成本及资本化利息。

160402 安装工程：核算安装工程的各项成本及资本化利息。

160403 在安装设备：核算在安装调试阶段的外购设备各项成本。

160404 待摊支出：核算建设工程前期发生的管理费、征地费、可行性研究费、临时设施费、公证费、监理费及应负担的税费。

主要账务处理：

（1）企业发包的在建工程，应按合理估计的发包工程的进度和合同规定结算的进度款，借记本科目，贷记“银行存款”、“预付账款”等科目。将设备交付建造承包企业建造安装时，借记本科目（在安装设备），贷记“工程物资”科目。

工程完成时，按合同规定补付的工程款，借记本科目，贷记“银行存款”等科目。

（2）企业自营的在建工程领用工程物资、原材料或库存商品的，借记本科目，贷记“工程物资”、“原材料”、“库存商品”等科目。采用计划成本核算的，应同时结转应分摊的成本差异。涉及增值税的，应进行相应的处理。

在建工程应负担的职工薪酬，借记本科目，贷记“应付职工薪酬”科目。

辅助部门为工程提供的水、电、设备安装、修理、运输等劳务，借记本科目，贷记相关科目。

在建工程发生的借款费用满足借款费用资本化条件的，借记本科目（待摊支出），贷记“长期借款”、“应付利息”等科目。

（3）在建工程进行负荷联合试车发生的费用，借记本科目

（待摊支出），贷记“银行存款”、“原材料”等科目；试车形成的产品或副产品对外销售或转为库存商品的，借记“银行存款”、“库存商品”等科目，贷记本科目（待摊支出）。

（4）在建工程发生的管理费、征地费、可行性研究费、临时设施费、公证费、监理费及应负担的税费等，借记本科目（待摊支出），贷记“银行存款”等科目。

（5）建设期间发生的工程物资盘亏、报废及毁损净损失，借记本科目（待摊支出），贷记“工程物资”科目；盘盈的工程物资或处置净收益，作相反的会计分录。

由于自然灾害等原因造成的在建工程报废或毁损，减去残料价值和过失人或保险公司等赔款后的净损失，借记“营业外支出——非常损失”科目，贷记本科目（建筑工程、安装工程等）。

（6）在建工程完工已领出的剩余物资应办理退库手续，借记“工程物资”科目，贷记本科目。

（7）在建工程达到预定可使用状态时，应计算分配待摊支出，借记本科目（××工程），贷记本科目（待摊支出）；结转在建工程成本时，借记“固定资产”等科目，贷记本科目（××工程）。

本科目的期末借方余额，反映企业尚未达到预定可使用状态的在建工程的成本。

1605 工程物资

本科目核算企业为在建工程准备的各种物资的成本，包括工程用材料、尚未安装的设备以及为生产准备的工器具等。

本科目应设置“专用材料”、“专用设备”、“工器具”等二级科目，进行明细核算。

主要账务处理：

（1）购入为工程准备的物资，借记本科目，贷记“银行存款”、“其他应付款”等科目。

（2）领用工程物资，借记“在建工程”科目，贷记本科目。工程完工后将领出的剩余物资退库时，作相反的会计分录。已计提减值准备的，还应同时结转减值准备。

（3）工程完工后剩余的工程物资转作本企业存货的，借记“原材料”等科目，贷记本科目。

本科目期末借方余额，反映企业为在建工程准备的各种物资的成本。

1606 固定资产清理

本科目核算企业因出售、报废、毁损、对外投资、非货币性资产交换、债务重组等原因转出的固定资产价值以及在清理过程中发生的费用等。

本科目可按被清理的固定资产项目进行明细核算。

主要账务处理：

（1）企业因出售、报废、毁损、对外投资、非货币性资产交换、债务重组等转出的固定资产，按该项固定资产账面价值，借记本科目，按已计提的累计折旧，借记“累计折旧”科目，已计提减值准备的，借记“固定资产减值准备”科目，按其账面原价，贷记“固定资产”科目。

（2）清理过程中支付的其他费用以及应支付的相关税费，借记本科目，贷记“银行存款”、“应交税费——应交营业税”等科目。收回出售固定资产的价款、残料价值和变价收入等，借记“银行存款”、“原材料”等科目，贷记本科目。应由保险公司或过失人赔偿的损失，借记“其他应收款”等科目，贷记本科目。

（3）固定资产清理完成后，属于生产经营期间正常的处理损失，借记“营业外支出——处置非流动资产损失”科目，贷记本科目；属于自然灾害等非正常原因造成的损失，借记“营业外支出——非常损失”科目，贷记本科目。固定资产清理完成后，本科目的贷方余额，借记本科目，贷记“营业外收入——处置非流动资产利得”科目。

本科目期末借方余额，反映企业尚未清理完毕的固定资产清理净损失。

1607 在建工程减值准备

本科目核算企业在建工程发生减值时计提的减值准备。

本科目应分别设置以下二级科日，进行明细核算；并按工程项目设置辅助账，进行辅助明细核算。二级科目包括：

160701 建筑工程减值准备。核算计提的建筑工程减值准备。

160702 安装工程减值准备。核算计提的安装工程减值准备。

160703 在安装设备减值准备。核算计提的在安装设备减值准备。

主要账务处理：

资产负债表日，在建工程发生减值的，按应减记的金额，借记“资产减值损失——在建工程减值损失”科目，贷记本科目。

本科目期末贷方余额，反映企业已计提但尚未转销的在建工程减值准备。

1608 工程物资减值准备

本科目核算企业工程物资发生减值时计提的减值准备。

本科目应分别设置以下二级科目，进行明细核算。二级科目包括：

160801 专用材料减值准备。核算计提的专用材料减值准备。

160802 专用设备减值准备。核算计提的专用设备减值准备。

160803 工器具减值准备。核算计提的工器具减值准备。

主要账务处理：

资产负债表日，工程物资发生减值的，按应减记的金额，借记“资产减值损失——工程物资减值损失”科目，贷记本科目。

本科目期末贷方余额，反映企业已计提但尚未转销的工程物资减值准备。

1701 无形资产

本科目核算企业持有的无形资产，包括专利权、非专利技术、商标权、著作权、土地使用权等。国家无偿划拨给企业的土地使用权，不在本科目核算。

本科目可按无形资产项目设置二级科目或辅助账，进行明细核算。

主要账务处理：

（1）企业外购的无形资产，按应计入无形资产成本的金额，借记本科目，贷记“银行存款”等科目。

自行开发的无形资产，按应予资本化的支出，借记本科目，贷记“研发支出”科目。

（2）无形资产预期不能为企业带来经济利益的，应按已计提的累计摊销，借记“累计摊销”科目，已计提减值准备的，借记“无形资产减值准备”科目，按其账面余额，贷记本科目，按其差额，借记“营业外支出——处置非流动资产损失”科目。

（3）处置无形资产时，应按实际收到的金额，借记“银行存款”等科目，按已计提的累计摊销，借记“累计摊销”科目，已计提减值准备的，借记“无形资产减值准备”科目，按应支付的相关税费及其他费用，贷记“应交税费”、“银行存款”等科目，按其账面余额，贷记本科目，按其差额，贷记“营业外收入——处置非流动资产利得”科目或借记“营业外支出——处置非流动资产损失”科目。

本科目期末借方余额，反映企业无形资产的成本。

1702 累计摊销

本科目核算企业对使用寿命有限的无形资产计提的累计摊销。

本科目应按无形资产项目设置二级科目或辅助账，进行明细核算。

主要账务处理：

企业按期（月）计提无形资产的摊销额，借记“管理费用”、“其他业务成本”等科目，贷记本科目。处置无形资产还应同时结转累计摊销。

本科目期末贷方余额，反映企业无形资产的累计摊销额。

1703 无形资产减值准备

本科目核算企业无形资产的减值准备。

本科目应按无形资产项目进行明细核算。

主要账务处理：

资产负债表日，无形资产发生减值的，按应减记的金额，借记“资产减值损失——无形资产减值损失”科目，贷记本科目。处置无形资产时，应同时结转已计提的无形资产减值准备。

本科目期末贷方余额，反映企业已计提但尚未转销的无形资产减值准备。

1711 商　誉

本科目核算企业合并中形成的商誉价值。

主要账务处理：

非同一控制下的企业合并中确定的商誉价值，借记本科目，贷记有关科目。

本科目期末借方余额，反映企业商誉的价值。

1712 商誉减值准备

本科目核算企业商誉的减值准备。

主要账务处理：

资产负债表日，商誉发生减值的，按应减记的金额，借记“资产减值损失——商誉减值损失”科目，贷记本科目。

本科目期末贷方余额，反映企业已计提但尚未转销商誉减值准备。

1801 长期待摊费用

本科目核算企业已经发生但应由本期和以后各期负担的分摊期限在1年以上的各项费用，如以经营租赁方式租入的固定资产发生的改良支出等。

本科目可设置如下二级科目，进行明细核算；并可按项目设置辅助账，进行辅助明细核算。

180101 固定资产改良支出。核算固定资产以及经营租赁固定资产的改良发生的支出。

180102 装修费用。办公场所内、外部装修费用。

主要账务处理：

企业发生的长期待摊费用，借记本科目，贷记“银行存款”、“原材料”等科目。摊销长期待摊费用时，借记“管理费用”、“销售费用”等科目，贷记本科目。

本科目期末借方余额，反映企业尚未摊销完毕的长期待摊费用。

1811 递延所得税资产

本科目核算企业确认的可抵扣暂时性差异产生的递延所得税资产。根据税法规定可用以后年度税前利润弥补的亏损及税款抵减产生的所得税资产，也在本科目核算。

本科目可按应收股利、应收账款、预付账款、存货、可供出售金融资产、持有至到期投资、长期股权投资、固定资产、在建工程、工程物资、无形资产、应付账款、其他应付款、预收账款、应付职工薪酬、应付利息、应付股利、长期应付款、专项应付款、预计负债、可结转以后年度亏损等项目设置二级及相关三级科目，进行明细核算。

主要账务处理：

（1）资产负债表日，企业确认的递延所得税资产，借记本科目，贷记“所得税费用——递延所得税费用”科目。资产负债表日递延所得税资产的应有余额大于其账面余额的，应按其差额确认，借记本科目，贷记“所得税费用——递延所得税费用”等科目；资产负债表日递延所得税资产的应有余额小于其账面余额的差额作相反的会计分录。

企业合并中取得资产、负债的入账价值与其计税基础不同形成可抵扣暂时性差异的，应于购买日确认递延所得税资产，借记本科目，贷记“商誉”等科目。

与直接计入所有者权益的交易或事项相关的递延所得税资产，借记本科目，贷记“资本公积——其他资本公积”科目。

（2）资产负债表日，预计未来期间很可能无法获得足够的应纳税所得额用以抵扣可抵扣暂时性差异的，按原已确认的递延所得税资产中应减记的金额，借记“所得税费用——递延所得税费用”、“资本公积——其他资本公积”等科目，贷记本科目。

本科目期末借方余额，反映企业确认的递延所得税资产。

1901　待处理财产损溢

本科目核算企业在清查财产过程中查明的各种财产盘盈、盘亏和毁损的价值。

物资在运输途中发生的非正常短缺与损耗，也通过本科目核算。

企业如有盘盈固定资产的，应作为前期差错记入“以前年度损益调整”科目。

本科目可分别流动资产和固定资产设置二级科目，并按盘盈、盘亏的资产种类和项目进行明细核算。

主要账务处理：

（1）盘盈的各种材料、商品、生物资产等，借记“原材料”、“库存商品”、“消耗性生物资产”等科目，贷记本科目。

盘亏、毁损的各种材料、商品、生物资产等，盘亏的固定资产，借记本科目，贷记“原材料”、“库存商品”、“消耗性生物资产”、“固定资产”等科目。材料、商品采用计划成本（或售价）核算的，还应同时结转成本差异（或商品进销差价）。涉及增值税的，还应进行相应的账务处理。

（2）盘亏、毁损的各项财产，按管理权限报经批准后处理时，按残料价值，借记“原材料”等科目，按可收回的保险赔偿或过失人赔偿，借记“其他应收款”科目，按本科目余额，贷记本科目，按其借方差额，借记“管理费用”、“营业外支出——盘亏毁损损失”等科目。

盘盈的除固定资产以外的其他资产，借记本科目，贷记“管理费用”、“营业外收入——盘盈利得”科目。

企业的财产损溢，应查明原因，在期末结账前处理完毕，处理后本科目应无余额。

二、负债类

2001 短期借款

本科目核算企业向银行或其他金融机构等借入的期限在一年以下（含一年）的各种借款。

本科目可按借款种类设置二级科目，进行明细核算，并按贷款人设置辅助账，进行辅助明细核算。

主要账务处理：

企业借入的各种短期借款，借记“银行存款”科目，贷记本科目；归还借款时，作相反的会计分录。

资产负债表日，应按计算确定的短期借款利息费用，借记“财务费用”等科目，贷记“银行存款”、“应付利息”等科目。

本科目期末贷方余额，反映企业尚未偿还的短期借款。

2201 应付票据

本科目核算企业购买材料、商品和接受劳务供应等开出、承兑的商业汇票，包括银行承兑汇票和商业承兑汇票。

本科目可按供应单位或债权人设置二级科目或辅助账，进行明细核算。

主要账务处理：

（1）企业开出、承兑商业汇票或以承兑商业汇票抵付货款、应付账款等，借记“材料采购”、“库存商品”、“劳务成本”、“管理费用”等科目，贷记本科目。涉及增值税进项税额的，还应进行相应的处理。

（2）支付银行承兑汇票的手续费，借记“财务费用”科目，贷记“银行存款”科目。支付票款，借记本科目，贷记“银行存

款”科目。

（3）银行承兑汇票到期，企业无力支付票款的，按应付票据的票面价值，借记本科目，贷记“短期借款”科目。

企业应当设置“应付票据备查簿”（或在辅助账中反映），详细登记商业汇票的种类、号数和出票日期、到期日、票面金额、交易合同号和收款人姓名或单位名称以及付款日期和金额等资料。应付票据到期结清时，在备查簿中予以注销。

本科目期末贷方余额，反映企业尚未到期的商业汇票的票面金额。

2202　应付账款

本科目核算企业因购买材料、商品和接受劳务等经营活动应支付的款项。

本科目可按供应单位或债权人设置二级科目或辅助账，进行明细核算。

主要账务处理：

（1）企业购入材料、商品等验收入库，但货款尚未支付，根据有关凭证（发票账单、随货同行发票上记载的实际价款或暂估价值），借记“材料采购”、“在途物资”等科目，按应付的价款，贷记本科目。

接受供应单位提供劳务而发生的应付未付款项，根据供应单位的发票账单，借记“劳务成本”、“管理费用”等科目，贷记本科目。支付时，借记本科目，贷记“银行存款”等科目。

上述交易涉及增值税的，还应进行相应的账务处理。

（2）企业与债权人进行债务重组，应当分别债务重组的不同方式进行账务处理。

①以低于重组债务账面价值的款项清偿债务的，应按应付账款的账面余额，借记本科目，按实际支付的金额，贷记“银行存款”科目，按其差额，贷记“营业外收入——债务重组利得”科目。

②企业以非现金资产清偿债务的，应按应付账款的账面余额，

借记本科目，按用于清偿债务的非现金资产的公允价值，贷记“主营业务收入”、“其他业务收入”、“固定资产清理”、“无形资产”、“长期股权投资”等科目，按应支付的相关税费和其他费用，贷记“应交税费”、“银行存款”等科目，按其差额，贷记“营业外收入——债务重组利得”科目。

抵债资产为存货的，还应同时结转成本，记入“主营业务成本”、“其他业务成本”等科目；抵债资产为固定资产、无形资产的，其公允价值和账面价值的差额，记入“营业外收入——处置非流动资产利得”或“营业外支出——处置非流动资产损失”科目；抵债资产为可供出售金融资产、持有至到期投资、长期股权投资等的，其公允价值和账面价值的差额，记入“投资收益”科目。

③以债务转为资本，应按应付账款的账面余额，借记本科目，按债权人因放弃债权而享有的股权的公允价值，贷记“实收资本”或“股本”、“资本公积——资本溢价或股本溢价”科目，按其差额，贷记“营业外收入——债务重组利得”科目。

④以修改其他债务条件进行清偿的，应将重组债务的账面余额与重组后债务的公允价值的差额，借记本科目，贷记“营业外收入——债务重组利得”科目。

本科目期末贷方余额，反映企业尚未支付的应付账款余额。

2203 预收账款

本科目核算企业按照合同规定向购货或接受劳务单位预收的款项。

本科目应按购货或接受劳务单位设置二级科目，进行明细核算；并可按部门及项目设置辅助账，进行辅助明细核算。

主要账务处理：

企业向购货或接受劳务单位预收的款项，借记“银行存款”等科目，贷记本科目；销售实现时，按实现的收入，借记本科目，贷记“主营业务收入”科目。涉及增值税进项税额的，还应进行相应的处理。

本科目期末贷方余额，反映企业向购货或接受劳务单位预收的款项。

2211 应付职工薪酬

本科目核算企业根据有关规定应付给职工的各种薪酬。外商投资企业按规定从净利润中提取的职工奖励及福利基金，也在本科目核算。

本科目应当设置以下科目进行明细核算，并可按部门、项目设置辅助账，进行辅助明细核算。

221101 工资：核算基本工资、奖金、临时工工资、加班工资等。

221102 职工福利：核算职工家属药费、婴儿补助费；洗理费；职工困难补助；餐厅人员工资；餐厅设备折旧、购置小型器皿；集体福利等。

221103 住房公积金：核算由企业负担的职工的住房公积金。

221104 住房补贴：核算职工住房补贴。

221105 社会保险费：核算由企业负担的职工养老保险、医疗保险、失业保险、工伤保险、生育保险等。

221106 工会经费：核算按照工资薪金总额 2% 计提的工会经费。

221107 职工教育经费：核算按照工资薪金总额的 1.5% 的额度据实列支的职工教育经费。

221108 非货币福利：核算发放给职工的实物福利、单位组织的公费旅游、休假等。

221109 辞退福利：核算职工劳动合同到期前，不论职工本人是否愿意，企业决定解除与职工的劳动关系而给予的补偿；职工劳动合同到期前，为鼓励职工自愿接受裁减而给予的补偿。

221110 职工福利及奖励基金：核算外商投资企业按规定在利润分配中提取的职工福利及奖励基金。

主要账务处理：

（1）企业按照有关规定向职工支付工资、奖金、津贴等，借记本科目（工资等），贷记“银行存款”、“库存现金”等科目。企业从应付职工薪酬中扣还的各种款项（代垫的家属药费、个人所得税等），借记本科目（工资），贷记“其他应收款”、“应交税费——应交个人所得税”等科目。企业向职工支付职工福利费，借记本科目，贷记“银行存款”等科目。企业支付工会经费和职工教育经费用于工会运作和职工培训，借记本科目（工会经费、职工教育经费），贷记“银行存款”等科目。企业按照国家有关规定缴纳社会保险费和住房公积金，借记本科目（住房公积金、社会保险），贷记“银行存款”科目。企业因解除与职工的劳动关系向职工给予的补偿，借记本科目（辞退福利），贷记“银行存款”、“库存现金”等科目。企业支付租赁住房等资产供职工无偿使用所发生的租金，借记本科目（非货币福利），贷记“银行存款”等科目。

（2）企业应当根据职工提供服务的受益对象，对发生的职工薪酬分别以下情况进行处理：

生产部门人员的职工薪酬，借记“劳务成本”等科目，贷记本科目。管理部门人员的职工薪酬，借记“管理费用”科目，贷记本科目。销售人员的职工薪酬，借记“销售费用”科目，贷记本科目。应由在建工程、研发支出负担的职工薪酬，借记“在建工程”、“研发支出”等科目，贷记本科目。因解除与职工的劳动关系给予的补偿，借记“管理费用”科目，贷记本科目。无偿向职工提供住房等资产使用的，按应计提的折旧额，借记“管理费用”等科目，贷记本科目；同时，借记本科目，贷记“累计折旧”科目。租赁住房等资产供职工无偿使用的，每期应支付的租金，借记“管理费用”等科目，贷记本科目。外商投资企业按规定从净利润中提取的职工奖励及福利基金，借记“利润分配——提取的职工奖励及福利基金”科目，贷记本科目。

本科目期末贷方余额，反映企业应付未付的职工薪酬。

2221　应交税费

本科目核算企业按照税法规定计算应交纳的各种税费，包括增值税、营业税、所得税、土地增值税、城市维护建设税、房产税、土地使用税、车船税、教育费附加等。

企业代扣代缴的个人所得税等，也通过本科目核算。

企业不需要预计应交数所交纳的税金，如印花税，不在本科目核算。

本科目设置下列二级科目，进行明细核算，有部门或项目核算要求的企业，可按部门、项目设置辅助账，进行辅助明细核算。

222101 营业税：核算提供应税劳务、转让无形资产或者销售不动产应交纳的营业税。

222102 企业所得税：核算按季预缴及年度汇算清缴的企业所得税。

222103 城市维护建设税：核算根据应交营业税或应交增值税计算的城市维护建设税。

222104 房产税：核算按照税法规定应交纳的房产税。

222105 土地使用税：核算按照税法规定应当交纳的土地使用税。

222106 土地增值税：核算企业转让土地使用权应交纳的土地增值税。

222107 车船税：核算按照税法规定应当交纳的车船使用税。

222108 个人所得税：核算按照税法规定应当交纳的个人所得税。

222109 教育费附加：核算根据应交营业税或应交增值税计算、交纳的教育费附加。

222110 增值税：核算因销售商品应交纳的增值税。应交增值税还应分别“进项税额”、“销项税额”、“进项税额转出”、“已交税金”等设置专栏进行明细核算。

主要账务处理：

（1）应交增值税

①企业采购物资等，按应计入采购成本的金额，借记“材料采购”、“在途物资”或“原材料”、“库存商品”等科目，按可抵扣的增值税税额，借记本科目（应交增值税——进项税额），按应付或实际支付的金额，贷记“应付账款”、“应付票据”、“银行存款”等科目。购入物资发生的退货，作相反的会计分录。

②销售物资或提供应税劳务，按营业收入和应收取的增值税税额，借记“应收账款”、“应收票据”、“银行存款”等科目，按专用发票上注明的增值税税额，贷记本科目（应交增值税——销项税额），按确认的营业收入，贷记“主营业务收入”、“其他业务收入”科目。发生的销售退回，作相反的会计分录。

③企业交纳的增值税，借记本科目（应交增值税——已交税金），贷记“银行存款”科目。

④小规模纳税人以及购入材料不能抵扣增值税的，发生的增值税计入材料采购成本，借记“材料采购”、“在途物资”等科目，贷记本科目。小规模纳税人销售物资或提供应税劳务交纳的增值税，借记“主营业务税金及附加——增值税”科目，贷记本科目。

（2）应交营业税、城市维护建设税、教育费附加等

①企业按规定计算应交的营业税、城市维护建设税、教育费附加，借记“营业税金及附加”等科目，贷记本科目。实际交纳时，借记本科目，贷记“银行存款”等科目。

②销售不动产计算应交的营业税，借记“固定资产清理”等科目，贷记本科目（应交营业税）。

（3）应交所得税

企业按照税法规定计算应交的所得税，借记“所得税费用”等科目，贷记本科目（应交所得税）。交纳的所得税，借记本科目（应交所得税），贷记“银行存款”等科目。

（4）应交土地增值税

①企业转让的国有土地使用权应交纳土地增值税，土地使用权

与地上建筑物及其附着物一并在“固定资产”或“在建工程”等科目核算的，转让时应交的土地增值税，借记“固定资产清理”科目，贷记本科目（应交土地增值税）。

②土地使用权在“无形资产”科目核算的，按实际收到的金额，借记“银行存款”科目，按应交纳的土地增值税，贷记本科目（应交土地增值税），同时冲销土地使用权的账面价值，贷记“无形资产”科目，按其差额，借记“营业外支出——非流动资产处置损失”科目或贷记“营业外收入——非流动资产处置利得”科目。实际交纳土地增值税时，借记本科目，贷记“银行存款”等科目。

（5）应交房产税、土地使用税和车船税

①企业按规定计算应交的房产税、土地使用税、车船税，借记“管理费用”科目，贷记本科目（应交房产税、应交土地使用税、应交车船税）。

②交纳的房产税、土地使用税、车船税，借记本科目（应交房产税、应交土地使用税、应交车船税），贷记“银行存款”等科目。

（6）应交个人所得税

①企业按规定计算代扣代缴的职工个人所得税，借记“应付职工薪酬”科目，贷记本科目（应交个人所得税）。

②交纳个人所得税，借记本科目（应交个人所得税），贷记“银行存款”等科目。

本科目期末贷方余额，反映企业尚未交纳的税费；期末如为借方余额，反映企业多交或尚未抵扣的税金。

2231 应付利息

本科目核算企业按照合同约定应支付的利息，主要包括分期付息到期还本的长期借款等应支付的利息。

本科目可按照债权人设置二级科目，进行明细核算。

主要账务处理：

资产负债表日，应按摊余成本和实际利率计算确定的利息费用，借记“在建工程”、“财务费用——利息支出”、“研发支出”等科目，按合同利率计算确定的应付未付利息，贷记本科目，按其差额，借记或贷记“长期借款——利息调整”等科目。

合同利率与实际利率差异较小的，也可采用合同利率计算确定利息费用。

实际支付利息时，借记本科目，贷记“银行存款”等科目。

本科目期末贷方余额，反映企业应付未付的利息。

2232 应付股利

本科目核算企业分配的现金股利或利润。

本科目应当按照投资者设置二级科目，进行明细核算。

主要账务处理：

企业根据股东大会或类似机构审议批准的利润分配方案，按应支付的现金股利或利润，借记“利润分配——应付现金股利或利润”科目，贷记本科目。实际支付现金股利或利润，借记本科目，贷记“银行存款”等科目。

企业董事会或类似机构通过的利润分配方案中拟分配的现金股利或利润，不作账务处理，但应在附注中披露。

本科目期末贷方余额，反映企业应付未付的现金股利或利润。

2241 其他应付款

本科目核算企业除应付票据、应付账款、预收账款、应付职工薪酬、应付利息、应付股利、应交税费、长期应付款等以外的其他各项应付、暂收的款项。

本科目应当按照其他应付款的项目和对方单位（或个人）设置下列二级科目，进行明细核算。

224101 集团内部往来：核算集团内部各企业的往来款，按集团内企业名称进行三级科目或辅助账，进行明细核算。

224102 集团外部往来：核算外单位拨来项目经费、科研经费、政府拨付的培养基金、其他往来款等。可按上述内容设置三级科目，进行明细核算，并按拨款项目设置辅助账，进行辅助核算。

224103 应付社保费用：核算由个人负担、企业代付的各项社会保险费用。

22410301 医保返还：核算社保返还，应付给个人医药费。

22410302 个人负担养老保险：核算由个人负担、企业代收代付的养老保险。

22410303 个人负担医疗保险：核算由个人负担、企业代收代付个人负担的医疗保险。

22410304 个人负担失业保险：核算由个人负担、企业代收代付的失业保险。

22410305 个人负担住房公积金：核算由个人负担、企业代收代付的住房公积金。

224104 其他：核算其他应付、暂收款项。

主要账务处理：

企业发生的其他各种应付、暂收款项时，借记“银行存款”等科目，贷记本科目；支付的其他各种应付、暂收款项，借记本科目，贷记“银行存款”等科目。

本科目期末贷方余额，反映企业应付未付的其他应付款项。

2401　递延收益

本科目核算企业确认的应在以后期间计入当期损益的政府补助。企业在当期损益中确认的政府补助，在“营业外收入——政府补助利得”科目核算，不在本科目核算。

本科目可按照政府补助的项目进行明细核算。

主要账务处理：

（1）企业收到或应收的与资产相关的政府补助，借记“银行存款”、“其他应收款”等科目，贷记本科目。在相关资产的使用寿命内分配递延收益，借记本科目，贷记“营业外收入——政府补助利得”科目。

（2）与收益相关的政府补助，用于补偿企业以后期间相关费用或损失的，按应收或收到的金额，借记“其他应收款”、“银行存款”等科目，贷记本科目。在发生相关费用或损失的未来期间，按应补偿的金额，借记本科目，贷记“营业外收入——其他”科目。用于补偿企业已发生的相关费用或损失的，按收到或应收的金额，借记“银行存款”、“其他应付款”等科目，贷记“营业外收入——政府补助利得”科目。

本科目期末贷方余额，反映企业应在以后期间计入当期损益的政府补助。

2501 长期借款

本科目核算企业向银行或其他金融机构借入的期限在一年以上（不含1年）的各项借款。

本科目分别设置“本金”、“利息调整”等二级科目进行明细核算，并按照债权人设置辅助账，进行辅助明细核算。

主要账务处理：

(1) 企业借入长期借款，应按实际收到的金额，借记“银行存款”科目，贷记本科目（本金）。如存在其差额，还应借记本科目（利息调整）。

(2) 资产负债表日，应按摊余成本和实际利率计算确定的长期借款的利息费用，借记“在建工程”、“财务费用”、“研发支出”等科目，按合同利率计算确定的应付未付利息，贷记“应付利息”科目，按其差额，贷记本科目（利息调整）。

实际利率与合同利率差异较小的，也可以采用合同利率计算确定利息费用。

(3) 归还的长期借款本金，借记本科目（本金），贷记“银行存款”科目。同时，存在利息调整余额的，借记或贷记“在建工程”、“财务费用”、“研发支出”等科目，贷记或借记本科目（利息调整）。

本科目期末贷方余额，反映企业尚未偿还的长期借款。

2701 长期应付款

本科目核算企业除长期借款以外的其他各种长期应付款项，包括应付融资租入固定资产的租赁费、以分期付款方式购入固定资产、无形资产等发生的应付款项等。

本科目可按长期应付款的种类设置二级科目，进行明细核算，并按债权人设置辅助账，进行辅助明细核算。

主要账务处理：

（1）企业融资租入固定资产，在租赁期开始日，按应计入固定资产成本的金额（租赁开始日租赁资产公允价值与最低付款额现值两者中较低者，加上初始直接费用），借记“在建工程”或“固定资产”科目，按最低租赁付款额，贷记本科目，按发生的初始直接费用，贷记“银行存款”等科目，按其差额，借记“未确认融资费用”科目。

按期支付租金，借记本科目，贷记“银行存款”等科目。

（2）购入有关资产超过正常信用条件延期支付价款、实质上具有融资性质的，应按购买价款的现值，借记“固定资产”、“在建工程”、“无形资产”等科目，按应支付的金额，贷记本科目，按其差额，借记“未确认融资费用”科目。

按期支付价款时，借记本科目，贷记“银行存款”科目。

本科目期末贷方余额，反映企业应付未付的长期应付款项。

2702　未确认融资费用

本科目核算企业应当分期计入利息费用的未确认融资费用。

本科目可按长期应付款项目设置二级科目，进行明细核算，并按照债权人设置辅助账，进行辅助明细核算。

主要账务处理：

（1）企业融资租入固定资产，在租赁期开始日，按应计入固定资产成本的金额（租赁开始日租赁资产公允价值与最低付款额现值两者中较低者，加上初始直接费用），借记“在建工程”或“固定资产”科目，按最低租赁付款额，贷记“长期应付款”科目，按发生的初始直接费用，贷记“银行存款”等科目，按其差额，借记本科目。

采用实际利率法分期摊销“未确认融资费用”，借记“财务费用”或“在建工程”等科目，贷记本科目。

（2）企业购入有关资产超过正常信用条件延期支付价款、实质上具有融资性质的，应按购买价款的现值，借记“固定资产”、“在建工程”、“无形资产”等科目，按应支付的金额，贷记“长期应付款”科目，按其差额，借记本科目。采用实际利率法分期摊销未确认融资费用，借记“在建工程”、“财务费用”等科目，贷记本科目。

本科目期末借方余额，反映企业未确认融资费用的摊余价值。

2711 专项应付款

本科目核算企业取得政府作为企业所有者投入的具有专项或特定用途的款项，如属于工程项目的资本性拨款等。

本科目可按资本性投资项目设置二级科目，进行明细核算。

主要账务处理：

企业收到或应收资本性拨款，借记“银行存款”等科目，贷记本科目。

将专项或特定用途的拨款用于工程项目，借记“在建工程”等科目，贷记“银行存款”、“应付职工薪酬”等科目。

工程项目完工形成长期资产的部分，借记本科目，贷记“资本公积——资本溢价（或股本溢价）”科目；对未形成长期资产需要核销的部分，借记本科目，贷记“在建工程”等科目；拨款结余需要返还的，借记本科目，贷记“银行存款”科目。

上述资本溢价转增实收资本或股本，借记“资本公积——资本溢价（或股本溢价）”，贷记“实收资本”或“股本”科目。

本科目期末贷方余额，反映企业尚未转销的专项应付款。

2801 预计负债

本科目核算企业确认的对外提供担保、未决诉讼、产品质量保证、重组义务、亏损性合同等预计负债。

本科目应当按照预计担保损失、预计未决诉讼损失、预计重组损失等大类设置二级科目，进行明细核算。

主要账务处理：

(1) 企业由对外提供担保、未决诉讼、重组义务产生的预计负债，应按确定的金额，借记“营业外支出——其他支出”等科目，贷记本科目（预计担保损失、预计未决诉讼损失、预计重组损失）。

由产品质量保证产生的预计负债，应按确定的金额，借记“销售费用”科目，贷记本科目（预计产品质量保证损失）。

企业（建造承包商）未开工建造的合同，确定合同预计总成本超过合同总收入的，应按其差额，借记“主营业务成本”科目，贷记本科目。

(2) 企业实际清偿或冲减预计负债时，借记本科目，贷记“银行存款”等科目。

(3) 企业根据确凿证据需要对已确认的预计负债进行调整的，调整增加的预计负债，借记有关科目，贷记本科目；调整减少的预计负债，作相反的会计分录。

本科目期末贷方余额，反映企业已确认尚未支付的预计债务。

2901 递延所得税负债

本科目核算企业确认的应纳税暂时性差异产生的所得税负债。

本科目可按照应纳税暂时性差异的项目设置明细科目，进行明细核算。

主要账务处理：

(1) 资产负债表日，企业确认的递延所得税负债，借记“所得税费用——递延所得税费用”，贷记本科目。资产负债表日递延所得税负债的应有余额大于其账面余额的，应按其差额确认，借记“所得税费用——递延所得税费用”科目，贷记本科目；资产负债表日递延所得税负债的应有余额小于其账面余额的，作相反的会计分录。

与直接计入所有者权益的交易或事项相关的递延所得税负债，借记“资本公积——其他资本公积”科目，贷记本科目。

（2）企业合并中取得资产、负债的入账价值与其计税基础不同形成应纳税暂时性差异的，应于购买日确认递延所得税负债，同时调整商誉，借记“商誉”科目，贷记本科目。

本科目期末贷方余额，反映企业已确认的递延所得税负债。

三、所有者权益类

4001 实收资本（股本）

本科目核算企业接受投资者投入的实收资本。

股份有限公司应将本科目改为“4001 股本”科目进行核算。

企业收到投资者出资超过其在注册资本或股本中所占份额的部分，作为资本溢价或股本溢价，在“资本公积——资本溢价（或股本溢价）”科目核算。

本科目可分别设置“国家资本”、“法人资本”、“个人资本”等二级科目，进行明细核算，并可按法人单位或投资人设置辅助账，进行辅助明细核算。

企业（中外合作经营）在合作期间归还投资者的投资，应在本科目设置“已归还投资”明细科目进行核算。

主要账务处理：

（1）企业接受投资者投入的资本，借记“银行存款”、“其他应收款”、“固定资产”、“无形资产”、“长期股权投资”等科目，按其在注册资本或股本中所占份额，贷记本科目，按其差额，贷记“资本公积——资本溢价（或股本溢价）”科目。

（2）企业经股东大会或类似机构决议，用资本公积转增资本，借记“资本公积——资本溢价（或股本溢价）”科目，贷记本科目。

企业按法定程序报经批准减少注册资本的，借记本科目，贷记“库存现金”、“银行存款”等科目。

（3）企业将重组债务转为资本的，应按重组债务的账面余额，借记“应付账款”等科目，按债权人因放弃债权而享有本企业股份的面值总额，贷记本科目，按股份的公允价值总额与相应的实收资本或股本之间的差额，贷记或借记“资本公积——资本溢价（或股本溢价）”科目，按其差额，贷记“营业外收入——债务重组利得”科目。

（4）中外合作经营企业根据合同规定在合作期间归还投资者的投资，借记本科目（已归还投资），贷记“银行存款”等科目；同时，借记“利润分配——利润归还投资”科目，贷记“盈余公积——利润归还投资”科目。

中外合作经营企业清算，借记本科目、“资本公积”、“盈余公积”、“利润分配——未分配利润”等科目，贷记本科目（已归还投资）、“银行存款”等科目。

本科目期末贷方余额，反映企业实收资本或股本总额。

4002　资本公积

本科目核算企业收到投资者出资额超出其在注册资本或股本中所占份额的部分，以及直接计入所有者权益的利得和损失等。

本科目可分别设置以下二级科目进行明细核算：

400201 资本溢价（股本溢价）：核算投资者出资额超出其在注册资本或股本中所占份额的部分。

400202 其他资本公积：核算直接计入所有者权益的利得和损失。

主要账务处理：

（1）企业接受投资者投入的资本、将债务转为资本等形成的资本公积，借记相关科目（如“银行存款”、“长期应付款”、“固定资产”、“无形资产”等科目），按其在注册资本或股本中所占份额，贷记“实收资本”或“股本”科目，按其差额，贷记本科目（资本溢价或股本溢价）等。

经股东大会或类似权力机构决议，用资本公积转增资本，借记本科目（资本溢价或股本溢价），贷记“实收资本”或“股本”科目。

（2）同一控制下企业合并形成的长期股权投资，应在合并日按取得被合并方所有者权益账面价值的份额，借记“长期股权投资——成本”科目，按享有被投资单位已宣告但尚未发放的现金股利或利润，借记“应收股利”科目，按支付的合并对价的账面价值，贷记或借记有关资产、负债科目，按其差额，贷记或借记本科目（资本溢价或股本溢价）；为借方差额的，借记本科目（资本溢价或股本溢价），资本公积（资本溢价或股本溢价）不足冲减的，应依次借记“盈余公积”、“利润分配——未分配利润”科目。

（3）长期股权投资采用权益法核算的，在持股比例不变的情况下，被投资单位除净损益以外所有者权益的其他变动，企业按持股比例计算应享有的份额，借记或贷记“长期股权投资——其他权益变动”科目，贷记或借记本科目（其他资本公积）。

处置采用权益法核算的长期股权投资，还应结转原计入资本公积的相关金额，借记或贷记本科目（其他资本公积），贷记或借记“投资收益”科目。

（4）将持有至到期投资重分类为可供出售金融资产，或将可供出售金融资产重分类为持有至到期投资的，按照“持有至到期投资”、“可供出售金融资产”等科目的相关规定进行处理，相应调整资本公积。

将可供出售金融资产重分类为采用成本法或摊余成本计量的金融资产的，对于原计入资本公积的相关金额，还应分别不同情况进行处理：有固定到期日的，应在该项金融资产的剩余期限内，在资产负债表日，按采用实际利率法计算确定的摊销金额，借记或贷记本科目（其他资本公积），贷记或借记“投资收益”等科目；没有固定到期日的，应在处置该项金融资产时，借记或贷记本科目（其他资本公积），贷记或借记“投资收益”等科目。

可供出售金融资产的后续计量，按照“可供出售金融资产”科目的相关规定进行处理，相应调整资本公积。

本科目期末贷方余额，反映企业资本公积。

4101　盈余公积

本科目核算企业从净利润中提取的盈余公积。

本科目应当分别“法定盈余公积”、“任意盈余公积”进行明细核算。

外商投资企业还应分别“储备基金”、“企业发展基金”进行明细核算。

中外合作经营企业在合作期间归还投资者的投资，应在本科目设置“利润归还投资”明细科目进行核算。

主要账务处理：

（1）企业按规定提取的盈余公积，借记“利润分配——提取法定盈余公积、提取任意盈余公积”科目，贷记本科目（法定盈余公积、任意盈余公积）。

外商投资企业按规定提取的储备基金、企业发展基金、职工奖励及福利基金，借记“利润分配——提取储备基金、提取企业发展基金、提取职工奖励及福利基金”科目，贷记本科目（储备基金、企业发展基金）、“应付职工薪酬——职工奖励及福利基金”科目。

（2）企业经股东大会或类似机构决议，用盈余公积弥补亏损或转增资本，借记本科目，贷记“利润分配——盈余公积补亏”、“实收资本”或“股本”科目。

中外合作经营企业根据合同规定在合同期间归还投资，应按实际归还投资的金额，借记“实收资本——已归还投资”科目，贷记“银行存款”等科目；同时，借记“利润分配——利润归还投资”科目，贷记本科目（利润归还投资）。

本科目期末贷方余额，反映企业的盈余公积。

4103　本年利润

本科目核算企业当期实现的净利润（或发生的净亏损）。

主要账务处理：

企业期（月）末结转利润时，应将“主营业务收入”、“其他业务收入”、“营业外收入”等科目的期末余额分别转入本科目，借记“主营业务收入”、“其他业务收入”、“营业外收入”等科目，贷记本科目。将“主营业务成本”、“营业税金及附加”、“其他业务成本”、“销售费用”、“管理费用”、“财务费用”、“资产减值损失”、“营业外支出”、“所得税费用”等科目的期末余额分别转入本科目，借记本科目，贷记“主营业务成本”、“营业税金及附加”、“其他业务成本”、“销售费用”、“管理费用”、“财务费用”、“资产减值损失”、“营业外支出”、“所得税费用”等科目。

将“公允价值变动损益”、“投资收益”科目的净收益，转入本科目，借记“公允价值变动损益”、“投资收益”科目，贷记本科目；如为净损失，作相反的会计分录。

年度终了，应将本年收入和支出相抵后结出的本年实现的净利润，转入“利润分配”科目，借记本科目，贷记“利润分配——未分配利润”科目；如为净亏损，作相反的会计分录。

结转后本科目应无余额。

4104 利润分配

本科目核算企业利润的分配（或亏损的弥补）和历年分配（或弥补）后的余额。

本科目应当分别“提取法定盈余公积”、“提取任意盈余公积”、“应付现金股利或利润”、“盈余公积补亏”和“未分配利润”等进行明细核算。

外商投资企业还应分别“提取储备基金”、“提取企业发展基金”、“提取职工奖励及福利基金”进行明细核算。

中外合作经营企业在合作期间归还投资者的投资，应在本科目设置“利润归还投资”明细科目进行核算。

主要账务处理：

（1）企业按规定提取的盈余公积，借记本科目（提取法定盈余公积、提取任意盈余公积），贷记“盈余公积——法定盈余公积、任意盈余公积”科目。

外商投资企业按规定提取的储备基金、企业发展基金、职工奖励及福利基金，借记本科目（提取储备基金、提取企业发展基金、提取职工奖励及福利基金），贷记“盈余公积——储备基金、企业发展基金”、“应付职工薪酬——职工奖励及福利基金”科目。

（2）企业经股东大会或类似机构决议，分配给股东或投资者的现金股利或利润，借记本科目（应付现金股利或利润），贷记“应付股利”科目。

企业用盈余公积弥补亏损，借记“盈余公积——法定盈余公积或任意盈余公积”科目，贷记本科目（盈余公积补亏）。

中外合作经营企业在经营期间用利润归还的投资，应按实际归还投资的金额，借记本科目（利润归还投资），贷记“盈余公积——利润归还投资”科目。

（3）年度终了，企业应将本年实现的净利润，自“本年利润”科目转入本科目，借记“本年利润”科目，贷记本科目（未分配利润），为净亏损的，作相反的会计分录；同时，将“利润分配”科目所属其他明细科目的余额转入本科目的“未分配利润”明细科目。结转后，本科目除“未分配利润”明细科目外，其他明细科目应无余额。

本科目年末余额，反映企业的未分配利润（或未弥补亏损）。

四、成本类

5001　生产成本（开发成本）

本科目核算勘察设计行业内房地产开发企业开发产品成本；景观园林设计施工用的林木等消耗性生物资产的种植成本。

本科目可按成本项目设置二级科目进行明细核算，并可按部门或项目设置辅助账，进行辅助明细核算。

主要账务处理：

（1）企业进行房地产开发项目发生的各项直接生产费用，借记本科目，贷记“原材料”、“库存现金”、“银行存款”、“应付职工薪酬”等科目。

企业开发完成并已验收入库的产品，借记“库存商品”，贷记本科目。

（2）园林景观设计施工企业种植林木等消耗性生物资产发生的费用，借记本科目，贷记“库存现金”、“银行存款”、“原材料”、“应付职工薪酬”等科目。

林木等消耗性生物资产达到郁闭状态，按郁闭前发生的实际成本，借记“库存商品”科目，贷记本科目。

本科目期末借方余额，反映房地产开发企业尚未竣工的开发产品，景观园林施工企业林木郁闭前的种植成本。

5201 劳务成本

本科目核算企业对外提供劳务发生的成本，勘察设计行业的设计成本在此科目核算。

为了核算方便，企业可设置下列二级科目进行明细核算，并可根据部门及项目管理的要求设置辅助账，进行辅助明细核算。

520101 职工薪酬：核算因提供劳务发生的各种工资、津贴、奖金、职工福利费、工会经费、职工教育经费等成本支出。

520102 差旅费：核算因提供劳务发生的国内出差的机票款、火车票款、长途汽车票款、轮船票款；往返机场、火车站的出租车票款；住宿费、退票手续费、改签手续费、外地交通费等费用支出。

520103 制图费：核算因提供劳务发生的制图、晒图费、效果图、多媒体制作、打印、装订等制作费用。

520104 模型制作费：核算因提供劳务发生的模型加工制作费。

520105 资料费：核算因提供劳务发生的与业务相关的外购、分摊资料费用。

520106 维修费：核算因提供劳务发生的电脑等办公设备、交通工具等的维护费、维修费、内置配件购置费，装饰、维修材料及修理费等支出。

520107 水电费：核算因提供劳务发生或分摊的水、电、天然气等费用。

520108 劳保：核算因提供劳务购买的劳保用品。

520109 办公费：核算因提供劳务发生的办公用品、计算机耗材、照相、冲扩、洗印、购置电源插座等费用支出。

520110 折旧费：生产部门使用的固定资产应计提的折旧费。

520111 交通费：核算因提供劳务发生的北京市内交通费、汽油费、过路过桥费、自驾车出差汽油费等。

520112 邮电通讯费：核算因提供劳务发生的邮费、电话费、快递费、GPRS 通信费、入网费等。

520113 低值易耗品摊销：核算因提供劳务发生的低值易耗品摊销。

520114 咨询顾问费：核算因提供劳务进行专业咨询、聘请顾问、翻译等费用，化验、检测费。

520115 会议费：核算因提供劳务发生的会议费。

520116 出国费：核算因提供劳务发生的出国考察等费用，包括交通费、签证费、住宿等费用支出。

520117 材料费：核算因提供劳务消耗的各种原材料。

520118 其他：核算因提供劳务发生的办公用房房租、保洁费、鲜花租摆费、卫生费、绿化费、保安服务费。

主要账务处理：

（1）企业发生的各项劳务成本，借记本科目，贷记“银行存款”、“应付职工薪酬”、“原材料”等科目。

（2）结转劳务的成本，借记“主营业务成本”、“其他业务成本”等科目，贷记本科目。

本科目期末借方余额，反映企业尚未完成或尚未结转的劳务成本。

5301　研发支出

本科目核算企业进行研究与开发无形资产过程中发生的各项支出。

本科目可分别设置“费用化支出”和“资本化支出”两个二

级科目，并分别设置“人工费”、“材料费”、“交通费”、“咨询劳务费”、“其他”等三级科目进行明细核算；还可按项目设置辅助账，进行辅助明细核算。

主要账务处理：

(1) 企业自行开发无形资产发生的研发支出，不满足资本化条件的，借记本科目（费用化支出），满足资本化条件的，借记本科目（资本化支出），贷记“原材料”、“银行存款”、“应付职工薪酬”等科目。

企业以其他方式取得的正在进行中的研究开发项目，应按确定的金额，借记本科目（资本化支出），贷记“银行存款”等科目。以后发生的研发支出，应当比照上述（1）规定进行处理。

(2) 研究开发项目达到预定用途形成无形资产的，应按本科目（资本化支出）的余额，借记“无形资产”科目，贷记本科目（资本化支出）。

期末，企业应将本科目归集的费用化支出金额转入“管理费用”科目，借记“管理费用——技术开发费”科目，贷记本科目（费用化支出）。

本科目期末借方余额，反映企业正在进行无形资产研究开发项目中满足资本化条件的支出。

5401 工程施工

本科目核算企业（建造承包商）实际发生的合同成本和合同毛利。

本科目可按建造合同，分别“合同成本”、“间接费用”、“合同毛利”等设置二级科目，并在“合同成本”下设“人工费”、“材料费”、“机械使用费”、“临时设施折旧费”、“其他直接费”等三级科目；在“间接费用”下设“人工费”、“固定资产折旧费”、“财产保险费”、“工程保修费”、“排污费”、“其他费用”等三级科目，进行明细核算，并按照施工部门或项目设置辅助账，进行辅助明细核算。

主要账务处理：

（1）企业进行合同建造时发生的人工费、材料费、机械使用费以及施工现场材料的二次搬运费、生产工具和用具使用费、检验试验费、临时设施折旧费等其他直接费用，借记本科目（合同成本），贷记“应付职工薪酬”、“原材料”等科目；发生的施工、生产单位管理人员职工薪酬、固定资产折旧费、财产保险费、工程保修费、排污费等间接费用，借记本科目（间接费用），贷记“累计折旧”、“银行存款”等科目。

期（月）末，将间接费用分配计入有关合同成本时，借记本科目（合同成本），贷记本科目（间接费用）。

（2）确认合同收入、合同费用时，借记“主营业务成本”科目，贷记“主营业务收入”科目，按其差额，借记或贷记本科目（合同毛利）。

（3）合同完工时，将本科目余额与相关工程施工合同的“工程结算”科目对冲，借记“工程结算”科目，贷记本科目。

本科目期末借方余额，反映企业尚未完工的建造合同成本和合同毛利。

5402　工程结算

本科目核算企业（建造承包商）根据建造合同约定向业主办理结算的累计金额。

本科目可按照施工项目设置二级科目或辅助账，进行明细核算。

主要账务处理：

企业向业主办理工程价款结算时，按应结算的金额，借记“应收账款”等科目，贷记本科目。

合同完工时，将本科目余额与相关工程施工合同的“工程施工”科目对冲，借记本科目，贷记“工程施工”科目。

本科目期末贷方余额，反映企业尚未完工建造合同已办理结算的累计金额。

五、损益类

6001 主营业务收入

本科目核算企业确认的销售商品、提供劳务等主营业务的收入。

本科目可按主营业务的种类进行明细核算，并可按照部门及项目设置辅助账，进行辅助明细核算。

主要账务处理：

(1) 企业销售商品或提供劳务实现的收入，应按照实际收到或应收的金额，借记“银行存款”、“应收账款”、“应收票据”等科目，按确认的营业收入，贷记本科目。

企业采用递延方式分期收款、实质上具有融资性质的销售商品或提供劳务，满足收入确认条件的，按应收合同或协议价款，借记“长期应收款”科目，按应收合同或协议价款的公允价值（折现值），贷记本科目，按其差额，贷记“未实现融资收益”科目。

以库存商品进行非货币性资产交换（在非货币性资产交换具有商业实质且公允价值能够可靠计量的情况下）、债务重组的，应按该库存商品的公允价值，借记有关科目，贷记本科目。

上述销售业务涉及增值税销项税的，还应进行相应的账务处理。

(2) 确认建造合同收入，按应确认的合同费用，借记“主营业务成本”科目，按应确认的合同收入，贷记本科目，按其差额，借记或贷记“工程施工——合同毛利”科目。

期末，应将本科目的余额转入“本年利润”科目，结转后本科目应无余额。

6051 其他业务收入

本科目核算企业确认的除主营业务以外的其他经营活动实现的收入，包括出租固定资产、出租无形资产、出租包装物和商品、销售材料、用材料进行非货币性交换（在非货币性资产交换具有商业实质且公允价值能够可靠计量的情况下）或债务重组等实现的收入。

采用成本模式计量的投资性房地产取得的租金收入，也通过本科目核算。

本科目可按照其他业务收入种类设置二级科目，进行明细核算，并可按照部门及项目设置辅助账，进行辅助明细核算。

主要账务处理：

企业确认的其他业务收入，借记“银行存款”、“其他应收款”等科目，贷记本科目。

期末，应将本科目余额转入“本年利润”科目，结转后本科目应无余额。

6101　公允价值变动损益

本科目核算企业交易性金融资产以及采用公允价值模式计量的投资性房地产等公允价值变动形成的应计入当期损益的利得或损失。

本科目应当按照交易性金融资产、投资性房地产等设置二级科目，进行明细核算，并可按投资项目设置辅助账，进行辅助明细核算。

主要账务处理：

资产负债表日，企业应按交易性金融资产或采用公允价值模式计量的投资性房地产的公允价值高于其账面余额的差额，借记“交易性金融资产——公允价值变动”、“投资性房地产——公允价值变动”等科目，贷记本科目；公允价值低于其账面余额的差额，作相反的会计分录。

出售交易性金融资产或采用公允价值模式计量的投资性房地产等时，应按实际收到的金额，借记“银行存款”等科目，按其账面余额，贷记“交易性金融资产——成本、公允价值变动”科目、“投资性房地产——成本、公允价值变动”等科目，按其差额，贷记或借记“投资收益”科目。

期末，应将本科目余额转入“本年利润”科目，结转后本科目无余额。

6111 投资收益

本科目核算企业确认的投资收益或投资损失。

本科目可设置“股权投资收益”、“股权投资损失”两个二级科目进行明细核算，并按照被投资单位设置辅助账，进行辅助明细核算。

主要账务处理：

(1) 长期股权投资采用成本法核算的，企业应按被投资单位宣告发放的现金股利或利润中属于本企业的部分，借记“应收股利”科目，贷记本科目；属于被投资单位在取得投资前实现净利润的分配额，应作为投资成本的收回，借记“应收股利”科目，贷记“长期股权投资”科目，不确认投资收益。

长期股权投资采用权益法核算的，应按根据被投资单位实现的净利润或经调整的净利润计算应享有的份额，借记“长期股权投资——损益调整”科目，贷记本科目。被投资单位发生亏损、分担亏损份额超过长期股权投资账面价值，以其他实质上构成对投资单位净投资的长期权益账面价值为限继续确认投资损失的，借记本科目，贷记“长期股权投资——损益调整”科目。发生亏损的被投资单位以后实现净利润的，企业计算的应享有的份额，如有未确认投资损失的，应先弥补未确认的投资损失，弥补损失后仍有余额的，如原按投资合同或协议约定确认了投资损失，同时作为预计负债的，应首先冲减预计负债的余额，剩余部分借记“长期股权投资——损益调整”科目，贷记本科目。

处置长期股权投资时，应按实际收到的金额，借记“银行存款”等科目，已计提减值准备的，借记“长期股权投资减值准备”科目，按其账面余额，贷记“长期股权投资”科目，按尚未领取的现金股利或利润，贷记“应收股利”科目，按其差额，贷记或借记本科目。

处置采用权益法核算的长期股权投资时，还应按处置长期股权投资的比例结转原计入资本公积的金额，借记或贷记“资本公积——其他资本公积”科目，贷记或借记本科目。

期末，应将本科目余额转入“本年利润”科目，本科目结转后应无余额。

6301　营业外收入

本科目核算企业发生的各项营业外收入，主要包括非流动资产处置利得、非货币性资产交换利得、债务重组利得、政府补助、捐赠利得、盘盈利得等。

本科目可设置以下二级科目进行明细核算。

630101 盘盈利得：核算除存货的流动资产盘盈利得，存货的盘盈冲减管理费用。

630102 非流动资产处置利得：核算因非流动资产处置取得的利得。

630103 捐赠利得：核算因捐赠取得的利得。

630104 债务重组利得：核算因债务重组取得的利得。

630105 非货币性资产交换利得：核算因非货币性资产交换取得的利得。

630106 政府补助利得：核算各项政府补贴。

630107 其他：核算上述项目以外企业取得的利得。

主要账务处理：

企业确认处置非流动资产、非货币性资产交换利得、债务重组利得，借记“库存现金”、“银行存款”、“待处理财产损溢”、“固定资产清理”、“应付账款”等科目，贷记本科目。

确认的政府补助利得，借记“银行存款”、“递延收益”等科目，贷记本科目。

期末，应将本科目余额转入“本年利润”科目，结转后本科目应无余额。

6401 主营业务成本

本科目核算企业确认销售商品、提供劳务等主营业务收入时应结转的成本。

本科目可按照主营业务的种类进行明细核算，并可按照部门及项目管理的要求设置辅助账，进行辅助明细核算。

主要账务处理：

(1) 期（月）末，企业应根据本期（月）销售各种商品、提供的各种劳务等实际成本，计算应结转的主营业务成本，借记本科目，贷记“库存商品”、“劳务成本”科目。

采用计划成本或售价核算库存商品的，平时的营业成本按计划成本或售价结转，月末，还应结转本月销售商品应分摊的产品成本差异或商品进销差价。

本期（月）发生销售退回，如已结转成本的，借记“库存商品”等科目，贷记本科目。

(2) 确认建造合同收入时，按应确认的合同费用，借记本科目，按应确认的合同收入，贷记“主营业务收入”科目，按其差额，借记或贷记“工程施工——合同毛利”科目。合同完工时，已计提存货跌价准备的，还应结转跌价准备。

期末，应将本科目的余额转入“本年利润”科目，结转后本科目应无余额。

6402 其他业务成本

本科目核算企业确认的除主营业务活动以外的其他经营活动所发生的支出，包括出租固定资产的折旧额、出租无形资产的摊销额、出租包装物的成本或摊销额、采用成本模式计量的投资房地产计提的折旧额或摊销额等。

企业除主营业务活动以外的其他经营活动发生的相关税费，在“营业税金及附加”科目核算，不在本科目核算。

本科目应当按照其他业务成本的种类设置二级科目，进行明细核算。

主要账务处理：

企业发生的其他业务成本，借记本科目，贷记“原材料”、“累计折旧”、“累计摊销”、“应付职工薪酬”、“银行存款”等科目。

期末，应将本科目余额转入“本年利润”科目，结转后本科目应无余额。

6403　营业税金及附加

本科目核算企业经营活动发生的营业税、城市维护建设税和教育费附加等相关税费。

企业可设置以下二级及三级科目进行明细核算，并可根据企业管理要求，按部门或项目设置辅助账，进行辅助明细核算。

640301 主营业务税金及附加：核算根据主营业务收入核算确定的税金及附加。

64030101 营业税：核算根据主营业务收入核算确定的营业税。

64030102 城市维护建设税：核算根据主营业务收入核算确定的城市维护建设税。

64030103 教育费附加：核算根据主营业务收入核算确定的教育费附加。

64030104 增值税：核算根据主营业务收入核算确定的增值税。

640302 其他业务税金及附加：核算根据其他业务收入核算确定的税金及附加。

64030201 营业税：核算根据其他业务收入核算确定的营业税。

64030202 城市维护建设税：核算根据其他业务收入核算确定的城市维护建设税。

64030203 教育费附加：核算根据其他业务收入核算确定的教育费附加。

64030204 增值税：核算根据其他业务收入核算确定的增值税。

64030205 房产税：核算投资性房地产应交纳的房产税。

64030206 土地使用税：核算投资性房地产应交纳的土地使

用税。

房产税、车船税、土地使用税、印花税在“管理费用”科目核算，不在本科目核算，但与投资性房地产相关的房产税、土地使用税在本科目核算。

主要账务处理：

企业按规定计算确定的与经营活动相关的税费，借记本科目，贷记“应交税费”等科目。

期末，应将本科目余额转入“本年利润”科目，结转后本科目应无余额。

6601 销售费用

本科目核算企业销售商品和材料、提供劳务的过程中发生的各种费用，包括保险费、包装费、展览费和广告费、运输费、装卸费等费用。

本科目可按照费用项目设置二级科目，进行明细核算。

主要账务处理：

企业在销售商品过程中发生的包装费、保险费、展览费和广告费、运输费、装卸费等费用，借记本科目，贷记“库存现金”、“银行存款”科目。

企业发生的为销售本企业商品而专设的销售机构的职工薪酬、业务费等经营费用，借记本科目，贷记“应付职工薪酬”、“银行存款”、“累计折旧”等科目。

期末，应将本科目余额转入“本年利润”科目，结转后本科目应无余额。

6602 管理费用

本科目核算企业为组织和管理企业生产经营所发生的管理费用，包括企业在筹建期间内发生的开办费、董事会和行政管理部门在企业的经营管理中发生的或者应由企业统一负担的公司经费（包括行政管理部门职工薪酬、物料消耗、低值易耗品摊销、办公费和差旅费等）、工会经费、董事会费（包括董事会成员津贴、会议费和差旅费等）、聘请中介机构费、咨询费（含顾问费）、诉讼费、业务招待费、房产税、车船税、土地使用税、印花税、技术转让费、残疾人保障金、研究费用、排污费等。

企业发生的固定资产日常修理费用和大修理费用等固定资产后续支出，也在本科目核算。

本科目可设置下列二级科目进行明细核算。由于有些费用在生产部门也会发生，如生产部门发生的业务招待费，也在本科目核算。企业还可按部门设置辅助账，进行辅助明细核算。

660201 职工薪酬：核算企业管理部门在册员工的工资、福利费、住房公积金、住房补贴、各项社会保险、工会经费、教育经费、非货币福利、辞退福利等。

660202 残疾人保障金：核算企业按规定交纳的残疾人保障金。

660203 取暖费：核算企业办公区、职工个人的取暖费。

660204 水电气费：核算企业管理部门消耗的水费、电费、燃气费等。

660205 出国费：核算企业管理部门在册员工出国考察发生的交通费、签证费、住宿等费用。

660206 宣传费：核算企业通过外部媒介或自行制作宣传材料发生的费用，包括宣传费、网页制作费、冠名费、出片费、版面费等。

660207 折旧费：核算企业管理部门使用的固定资产应计提的折旧。

660208 税金：核算企业按规定交纳印花税、车船税、房产税、土地使用税等。

660209 劳保费用：核算管理部门发生的各项劳保性质支出，包括劳保用品、洗涤用品、抗震用品、排污补助等。

660210 技术开发费：核算企业发生的研究开发项目费用化支出。

660211 业务招待费：核算企业招待外单位人员的餐费、食品、赠送礼品、参观门票以及出差人员的外地餐费等支出。

660212 邮电通讯费：核算管理部门办公发生的邮费、快递费、电话费、GPRS 通信费、入网费等。

660213 会议费：核算管理部门发生的会议费。

660214 低值易耗品摊销：核算管理部门的低值易耗品摊销。

660215 差旅费：核算管理部门出差所发生的飞机票、火车票、长途汽车票、轮船票；往返机场，火车站的出租车票；住宿费、退票手续费、改签手续费、外地租车费等（开车去外地出差途中加油费在“交通费”科目核算）。

660216 资料费：核算管理部门因工作需要购买书刊、杂志等支出。

660217 咨询顾问费：核算企业因业务需要进行的专业、法律咨询、翻译及其他各类咨询、劳务费用。

660218 办公费：核算管理部门因公需要购买的办公用品；传真机、打印机、复印机用色带、墨盒、墨粉、复印纸等；复印、打印、装订；彩扩、冲洗；印刷、印章；公司年检、注册费；购置电源插座等费用。

660219 消防保卫费：核算企业因消防、安全需要发生的各项支出。

660220 保险费：核算各项企业财产保险，包括房屋、车辆保险；因特殊工作需要为员工缴纳的意外伤害险、出国保险费；工程设计责任保险。

660221 维修费：核算管理部门的电脑、打印机、复印机等设备的维修、配件更换等支出。

660222 无形资产摊销：核算无形资产的摊销额。

660223 物业管理费：核算交纳的物业管理费。

660224 交通费：核算管理部门的市内出租车费、汽油费、过路过桥、包车费、停车费等。

660225 其他：核算管理部门办公用房租、保洁费、鲜花租摆费、卫生费、绿化费、锅炉打碱费等。

主要账务处理：

（1）企业在筹建期间内发生的开办费，包括人员工资、办公费、培训费、差旅费、印刷费、注册登记费以及不计入固定资产价值的借款费用等在实际发生时，借记本科目，贷记“银行存款”等科目。

（2）管理部门人员的职工薪酬，借记本科目，贷记“应付职工薪酬”科目。

（3）管理部门计提的固定资产折旧，借记本科目，贷记“累计折旧”科目。

（4）管理部门发生的办公费、水电费、业务招待费、聘请中介机构费、咨询费、诉讼费、技术转让费、研究费用，借记本科目，贷记“银行存款”、“研发支出”等科目。

（5）企业按规定计算确定的应交房产税、车船税、土地使用税、印花税，借记本科目，贷记“应交税费”、“银行存款”等科目。

期末，应将本科目的余额转入“本年利润”科目，结转后本科目应无余额。

6603　财务费用

本科目核算企业为筹集生产经营所需资金等而发生的筹资费用，包括利息支出（减利息收入）、汇兑差额以及相关的手续费。

为购建或生产满足资本化条件的资产发生的应予资本化借款费用，在“在建工程”等科目核算，不在本科目核算。

一般企业可设置以下二级科目，进行明细核算，并可按部门管理的要求设置辅助账，进行辅助明细核算。

660301 利息支出：核算企业因借款发生的利息支出（存款产生的利息收入以“－”号或在贷方列示）。

660302 汇兑损益：核算企业办理外币业务中发生的汇兑损益。

660303 手续费：核算企业办理银行业务发生的手续费。

主要账务处理：

企业发生的财务费用，借记本科目，贷记“银行存款”、“未确认融资费用”等科目。发生的应冲减财务费用的利息收入、汇兑损益，借记“银行存款”等科目，贷记本科目。

期末，应将本科目余额转入“本年利润”科目，结转后本科目应无余额。

6701 资产减值损失

本科目核算企业计提各项资产减值准备所形成的损失。

本科目应当按照资产减值损失的项目设置以下二级科目，进行明细核算：

670101 坏账损失：核算计提应收账款、其他应收款、预付账款坏账准备形成的损失。

670102 存货跌价损失：核算计提存货跌价准备形成的损失。

670103 持有至到期投资减值损失：核算计提持有至到期投资减值准备形成的损失。

670104 可供出售金融资产减值损失：核算计提可供出售金融资产减值准备形成的损失。

670105 长期股权投资减值损失：核算计提长期股权投资减值准备形成的损失。

670106 投资性房地产减值损失：核算计提投资性房地产减值准备形成的损失。

670107 固定资产减值损失：核算计提固定资产减值准备形成的损失。

670108 无形资产减值损失：核算计提无形资产减值准备形成的损失。

670109 在建工程减值损失：核算计提在建工程减值准备形成的损失。

670110 工程物资减值损失：核算计提工程物资减值准备形成的损失。

670111 商誉减值损失：核算计提商誉减值准备形成的损失。

主要账务处理：

（1）企业的应收账款、存货、长期股权投资、持有至到期投资、固定资产、无形资产、在建工程、工程物资、商誉、采用成本模式计量的投资性房地产等资产发生减值的，按应减记的金额，借记本科目，贷记“坏账准备”、“存货跌价准备”、“长期股权投资减值准备”、“持有至到期投资减值准备”、“固定资产减值准备”、“无形资产减值准备”、“在建工程减值准备”、“工程物资减值准备”、“商誉减值准备”等科目。

（2）企业计提坏账准备、存货跌价准备、持有至到期投资减值准备等，相关资产的价值又得以恢复的，应在原已计提的减值准备金额内，按恢复增加的金额，借记“坏账准备”、“存货跌价准备”、“持有至到期投资减值准备”等科目，贷记本科目。

期末，应将本科目余额转入“本年利润”科目，结转后本科目无余额。

6711 营业外支出

本科目核算企业发生的各项营业外支出，包括非流动资产处置损失、非货币性资产交换损失、债务重组损失、罚款支出、公益捐赠支出、非常损失、盘亏损失等。

本科目可设置下列二级科目，进行明细核算：

671101 非流动资产处置损失：核算企业处置固定资产、无形资产等形成的损失。

671102 非货币性资产交换损失：核算企业进行非货币性资产交换形成的损失。

671103 债务重组损失：核算企业进行债务重组形成的损失。

671104 罚款支出：核算企业缴纳的罚金支出。

671105 公益捐赠支出：核算企业的公益性捐赠支出。

671106 非常损失：核算企业因失窃等形成的非常损失。

671107 盘亏毁损损失：核算货币资金、存货、固定资产盘亏、毁损发生的损失。

主要账务处理：

（1）企业确认处置非流动资产损失、非货币性资产交换损失、债务重组损失等，借记本科目，贷记“库存现金”、“银行存款”、“固定资产清理”等科目。

（2）企业盘亏、毁损的资产发生的净损失，按管理权限经批准后，借记本科目，贷记“待处理财产损溢”科目。

期末，应将本科目余额转入“本年利润”科目，结转后本科目应无余额。

6801 所得税费用

本科目核算企业确认的应从当期利润总额中扣除的所得税费用。

本科目可分别设置“当期所得税费用”、“递延所得税费用”科目，进行明细核算。

主要账务处理：

（1）资产负债表日，企业按照税法计算确定的当期应交所得税金额，借记本科目（当期所得税费用），贷记“应交税费——应交所得税”科目。

（2）资产负债表日，根据递延所得税资产的应有余额大于“递延所得税资产”科目余额的差额，借记“递延所得税资产”科目，贷记本科目（递延所得税费用）、“资本公积——其他资本公积”等科目；递延所得税资产的应有余额小于“递延所得税资产”科目余额的差额，作相反的会计分录。

企业应予确认的递延所得税负债，应当比照上述原则调整本科目、“递延所得税负债”科目及有关科目。

期末，应将本科目的余额转入“本年利润”科目，结转后本科目应无余额。

6901 以前年度损益调整

本科目核算企业本年度发生的调整以前年度损益的事项以及本

年度发现的重要前期差错更正涉及调整以前年度损益的事项。

企业在资产负债表日至财务报告批准报出日之间发生的需要调整报告年度损益的事项，也在本科目核算。

主要账务处理：

（1）企业调整增加以前年度利润或减少以前年度亏损，借记有关科目，贷记本科目；调整减少以前年度利润或增加以前年度亏损，借记本科目，贷记有关科目。

（2）由于以前年度损益调整增加的所得税费用，借记本科目，贷记“应交税费——应交所得税”科目；由于以前年度损益调整减少的所得税费用，借记“应交税费　　应交所得税”科目，贷记本科目。

（3）经上述调整后，应将本科目的余额转入“利润分配——未分配利润”科目。本科目如为贷方余额，借记本科目，贷记“利润分配——未分配利润”科目；如为借方余额，作相反的会计分录。

本科目结转后应无余额。

第三章
会计政策、会计估计及主要实务范例

第一节　存　货

一、存货的分类

存货是指企业在日常生产活动中持有以备出售的产成品、处在生产过程中的在产品、在生产过程中或提供劳务过程中消耗的材料、物料等。根据企业各项经济业务特点，将存货分为以下几类（表3－1）。

表3－1

存货类别	存货项目	备　　注
低值易耗品	单位价值3 000元以下的小型设备、工具、器具、馆藏图书	
原材料	工程施工用原材料	
周转材料	工程施工用周转材料	
以存货管理的房屋	未签订出租合同的房屋	房地产开发公司
包装物	出图用包装箱、盒等	
成本	按进度未结转的施工或设计项目成本	

二、存货的初始计量

企业取得存货以成本进行计量。存货成本包括采购成本、加工成本和其他成本。

（一）外购的存货成本

外购存货主要包括：施工、维修用原材料、周转材料、储存的文具等办公用品、低值易耗品、单价在3 000元以下的工具（器具）、外购标准图籍等。企业为丰富职工文化生活以及技术资料储备购置的馆藏图书也在此科目核算。

外购存货以成本计量，成本包括：买价、相关税费、运输费、装卸费、保险费，以及其他可归属于存货采购成本的费用。

存货采购过程中发生的毁损、短缺，属于合理消耗的，计入存货的采购成本；非合理消耗，取得的运输单位、供货单位赔偿款，要冲减所购存货的采购成本；因遭受自然灾害或未查明原因的途中消耗，暂作为“待处理财产损溢”进行处理，待查明原因后，再作处理。

商品流通企业，如物业公司等有零售业务的企业，在商品采购中发生的运输费、装卸费、保险费以及其他可以归属于存货采购成本的费用，金额较大的要计入所采购的商品成本，金额较小的可直接计入销售费用。

（二）加工取得存货的成本

企业通过加工取得的存货主要包括：设计企业未结转的设计项目成本；委托加工的包装物等。其成本由采购成本和加工成本构成。

采购成本由所使用或消耗的原材料的采购成本构成；加工成本由直接消耗的人工成本和制造费用构成。直接人工是指企业在生产产品过程中直接从事产品生产的工人的职工薪酬，如设计企业直接参与某项目设计的设计人员的职工薪酬等。制造费用是指企业为生产产品和提供劳务而发生的各项间接费用，如企业内设计部门的管理人员职工薪酬、折旧费、办公费、水电费、机物料消耗、劳动保护费、季节性和修理期间的停工损失等。

在加工过程中消耗的人工和制造费用能够直接计入相关成本对象的，直接计入成本核算对象。不能直接计入成本对象的，要确定合理的分配方法分配计入成本核算对象。分配方法一经确定，不得随意变更。

（三）以其他方式取得的存货成本

1. 投资者投入的存货成本，按照投资合同或协议约定的价值确定；合同或协议约定的价值不公允的，按照存货的公允价值作为其入账价值。

2. 通过非货币性资产交易、债务重组、企业合并等方式取得的存货成本，按以下方式处理：

（1）通过非货币性资产交换取得的存货，具有商业实质的，按照公允价值作为其入账价值；不具有商业实质的，按照换出资产的账面价值和应支付的相关税费作为换入资产的入账成本，无论是否支付补价，均不确认损益。

（2）债务重组取得的存货，按公允价值入账。

（3）企业合并取得的存货，属于同一控制下的企业合并取得的存货按被合并方原已确认的账面价值入账；非同一控制下的企业合并取得的存货，存在活跃市场的以该存货的市场价值为基础确定其入账价值；不存在活跃市场的采用估值技术确定其入账价值。

（4）盘盈的存货，按照重置成本作为入账价值，并通过“待处理财产损溢”科目进行会计核算，经批准后冲减“管理费用”。

（四）不计入存货成本的相关费用

下列费用不计入存货成本，而计入发生时的当期损益：

1. 非正常消耗的直接材料、直接人工及制造费用，如：因自然灾害而发生的直接材料、直接人工和制造费用。

2. 仓储费用。

3. 不能归属于使存货达到目前场所或状态的其他支出。

三、发出存货的计量

发出原材料的成本，如晒图纸、建筑材料、装修材料、维修材料等消耗量大、价值高的消耗材料及用于出售的书籍、期刊、商品等采用先进先出法计量；馆藏图书、低值易耗品、包装物等采用一次转销法计量；周转材料采用“五五摊销法”计量；摊销金额计入相关资产成本或当期损益。

四、期末存货的计量

资产负债表日，存货按照成本与可变现净值孰低计量。存货成本低于可变现净值，按成本计量；存货成本高于可变现净值时，存货按可变现净值计量，同时成本高于可变现净值的差额计提存货跌价准备，计入当期损益。

（一）存货的可变现净值

存货的可变现净值，是指在日常活动中，存货的估计售价减去至完工时估计将要发生的成本、估计的销售费用以及相关税费后的金额。

存货的可变现净值要区分以下情况确定：

1. 为执行销售合同或劳务合同持有的存货，以存货的合同价格为其可变现净值的计算基础。

【例3-1】20×8年4月1日，某装饰公司与乙公司签订一份不可撤销的施工合同，有装饰公司负责在3个月内完成乙公司开发的一栋1 000M^2的办公楼的装饰工程，工程总造价200万元。为按时完成该施工项目，装饰公司按该项目计算确定的材料使用数量在当月一次购入木地板300M^2，单价350元/M^2，总价值10.5万元；地砖500M^2，单价200元/M^2，总价值6万元；墙面漆3 200M^2，单价85元/M^2，总共价值27.2万元，并办理了入库手续。

20×8年5月1日，建材市场对部分地砖和墙面漆的价格作了调整，分别降价15%。

由于装饰公司与乙公司签订的是不可撤销的施工合同，并且库存材料完全是为该项目储备，因此，这部分装饰材料的价值不随市场价格的变化而变化，其变现净值仍为其账面价值。

2. 企业持有存货的数量多于销售合同订购数量的，超出部分存货以一般市场价格作为可变现净值作为计算基础。

【例3-2】仍沿用【例3-1】。假定装饰公司在为乙开发公司的项目购入材料时，对地砖、墙面漆分别多购入200M^2，以增加公司的材料储备。

20×8 年 5 月 1 日，建材市场对部分地砖和墙面漆的价格作了调整，分别降价 15%。

5 月末，装饰公司对多购入的 $200M^2$ 地砖和墙面漆，分别按降价后的市场价格进行了可变现净值确认，并相应计提了减值准备。

3. 企业持有存货的数量少于合同订购数量，实际持有与该销售合同相关的存货以销售合同规定的价格作为可变现净值的计算基础。

4. 没有销售合同约定的存货，其可变现净值以产成品或商品的一般销售价格（即市场销售价格）作为可变现净值的计算基础。

5. 用于出售的原材料等通常以市场价格作为其可变现净值的计算基础；有销售合同的，按照合同价格作为其可变现净值的计算基础。为生产而持有的材料，如果用其生产的产成品的可变现净值预计高于成本，该材料按照成本计量；如果材料的下降表明产成品的可变现净值低于成本，则该材料按可变现净值计量。

同一项存货中，有一部分有销售合同，一部分没有销售合同的，要分别确定其可变现净值，并分别与成本进行比较，确定存货跌价准备的计提和转回，由此计提的存货跌价准备不得相互转销。

（二）存货盘亏和毁损的会计处理

存货发生盘亏和毁损，作为待处理财产损溢进行核算，按管理权限报经批准后，根据造成盘亏和毁损的原因，分别进行以下处理：

1. 属于计量收发差错和管理不善等原因造成的存货短缺，先扣除残料价值、可收回的保险赔偿和过失人赔偿，将净损失计入“管理费用”。

2. 属于自然灾害等非正常原因造成的存货毁损，要先扣除处置收入、可收回的保险赔偿和过失人赔偿，将净损失计入“营业外支出”。

第二节 长期股权投资

一、核算内容

长期股权投资主要核算权益性投资，包括对子企业、合营企业、联营企业的投资和对被投资单位不具有控制、共同控制或重大影响，且在活跃市场没有报价、公允价值不能可靠计量的权益性投资。

1. 对子公司投资

对子公司投资，是指投资企业能够对被投资单位实施控制的权益性投资。控制，是指有权决定一个企业的财务和经营政策，并能据以从该企业的经营活动中获取利益。一般是指投资企业直接拥有被投资单位50%以上的表决权资本，投资企业直接拥有被投资单位50%或以下的表决权资本，但具有实质控制权的情况。

2. 对合营企业投资

对合营企业投资，是指投资企业与其他合营方一同对被投资单位实施共同控制的权益性投资。共同控制，是指按照合同约定对某项经济活动共有的控制。

3. 对联营企业投资

对联营企业投资，是指企业对被投资单位具有重大影响的权益性投资。重大影响，是指对一个企业的财务或经营政策有参与决策的权力，但并不能控制或者与其他方一起共同控制这些政策的制定。当投资企业直接或通过子公司间接拥有被投资单位20%以上但低于50%的表决权时，可判定为对被投资单位具有重大影响。

二、初始投资成本

（一）企业以其他方式取得的长期股权投资

除企业合并形成的长期股权投资外，其他方式取得的长期股权投资的初始投资成本，应遵循以下规定加以确定。

1. 以支付现金取得的长期股权投资，按照实际支付的价款作为初始投资成本，包括购买过程中支付的手续费和必要支出，但不包括支付价款中包含的被投资单位已宣告但尚未发放的现金股利或利润。

2. 投资者投入的长期股权投资，按照合同或协议约定的价值作为初始投资成本。

3. 通过非货币性资产交换取得的长期股权投资，其初始投资成本按照企业换出资产的账面价值和应支付的相关税费确认。支付补价的，以换出资产的账面价值加上支付的补价和相关税费作为换入长期股权投资的成本，不确认损益。

4. 通过债务重组取得的长期股权投资，其初始投资成本按照享有股份的公允价值确认为对债务人的投资，重组债权的账面余额与股份的公允价值之间的差额，计入当期损益。债权人已对债权计提减值准备的，应当先将该差额冲减减值准备，减值准备不足以冲减的部分，计入当期损益。

（二）企业合并形成的长期股权投资

1. 同一控制下的企业合并形成的长期股权投资

合并方以支付现金、转让非现金资产或承担债务方式作为合并对价的，在合并日按照取得被合并方所有者权益账面价值的份额作为长期股权投资的初始投资成本。长期股权投资的初始投资成本与支付的现金、转让非现金资产及所承担的债务账面价值之间的差额，调整资本公积（资本溢价或股本溢价）；资本公积（资本溢价或股本溢价）的余额不足冲减的，调整留存收益。

【例3-3】20×8年12月31日，某建筑工程质量检测所，为开展工程质量检测、工程加固的一条龙服务，出资1 000万元向同一集团内乙施工企业投资并拥有的51%股权，对乙企业实施控制。因检测所与甲投资公司、乙施工企业同属于一个集团，所执行的会计政策相同。乙施工企业20×8年12月31日所有者权益1 382万元，检测所按应享有的乙施工企业账面所有者权益的份额确认初始投资成本，作如下账务处理：

借：长期股权投资——投资成本　　　　7 048 200
　　资本公积——资本溢价或股本溢价　2 951 800
　　贷：银行存款　　　　　　　　　　　10 000 000

2. 非同一控制下的企业合并形成的长期股权投资

非同一控制下的控股合并，购买方需按照确定的企业合并成本作为长期股权投资的初始投资成本。企业合并成本包括购买方付出的资产、发生或承担的负债，以及为进行企业合并发生的各项直接相关费用之和。

三、长期股权投资的后续计量

（一）长期股权投资的成本法

采用成本法核算的长期股权投资包括两大类：一是企业持有的对子企业的投资；二是对被投资单位不具有共同控制或重大影响，且在活跃市场没有报价、公允价值不能可靠计量的长期股权投资。具体是指：

1. 企业持有的能够对被投资单位实施控制的长期股权投资。

2. 投资企业对被投资企业不具有共同控制或重大影响，且在活跃市场中没有报价、公允价值不能可靠计量的长期股权投资。

（二）长期股权投资的权益法

1. 核算范围

投资企业对被投资单位具有共同控制或重大影响的长期股权投资，即对合营企业及对联营企业投资，应采用权益法进行核算。

2. 损益确认

在确认损益时，由于勘察设计企业的特殊性，存货等可辨认资产在企业资产中所占比例较少，不具有重要性。因此，在确认投资损益时，可以被投资单位可辨认净资产的账面价值为基础，确认投资损益。

四、长期股权投资核算方法的转换

长期股权投资在持有期间，因各方面情况的变化，需要改变核算方法。

（一）成本法转换为权益法

长期股权投资由成本法转为权益法时，区别以下情况进行处理：

1. 原持有对被投资单位不具有控制、共同控制或重大影响、在活跃市场中没有报价、公允价值不能可靠计量的长期股权投资，因追加投资等原因能够对被投资单位实施共同控制或重大影响的，自成本法转为权益法核算时，区分原持有的长期股权投资和新增加的长期股权投资两部分处理：

（1）属于原确认的商誉部分，不调整长期股权投资的账面价值；属于原取得投资时投资成本小于应享有的被投资单位可辨认净资产公允价值份额的差额，调整长期股权投资的账面价值，同时调整留存收益。

（2）新取得的股权部分，当新增投资成本大于应享有被投资单位可辨认净资产份额的，不调整长期股权投资成本；投资成本小于应享有被投资单位可辨认净资产公允价值份额的，增加长期股权投资的成本，同时计入取得当期的“营业外收入”。

2. 因处置投资导致对被投资单位的影响能力由控制转为具有重大影响或共同控制的，要先按处置或收回投资的比例结转应终止确认的长期股权投资成本，再将剩余的长期股权投资成本与按照剩余持股比例计算原投资时应享有的被投资单位可辨认净资产公允价值的份额，属于商誉部分，不调整长期股权投资的账面价值；属于投资成本小于原投资时应享有被投资单位可辨认净资产公允价值份额的，在调整长期股权投资成本的同时，要调整留存收益。

【例 3-4】 某设计集团所属的监理公司，在 2001 年成立时注册资金 100 万元，集团投资 40 万元，占股权比例为 40%，其余 60

万元为个人股，个人最大投资为15万元，占股权比例为15%，该集团为第一大股东，监理公司董事长为该集团委派，集团对该公司实施控制，按权益法进行核算。2008年8月，公司董事会决定将注册资金增资为300万元，集团从自身发展考虑，决定追加投资68万元，将股权比例降至36%，其余为个人股份。原公司董事长已退休，虽继续担任原职务，但不再作为集团派出的管理人员代表集团行使股东权利，集团另派股东。因此，集团对该公司由控制变为有重大影响，核算方法由成本法改为权益法。此投资及产权变更于2009年4月上报市国资委、工商局并得到批准。该公司自成立至增资日实现净利润150万元，公司未进行利润分配。

该设计集团账务处理：

（1）原对该监理公司投资的账面价值为40万元，2009年4月增加投资68万元。

借：长期股权投资——投资成本　　680 000

　　贷：银行存款　　680 000

（2）调整长期股权投资账面价值。按照持股比例计算享有该监理公司自成立至增资日期间实现的净损益为60万元，调整账面价值，同时调整留存收益。

借：长期股权投资——损益调整　　600 000

　　贷：盈余公积　　60 000

　　　　利润分配——未分配利润　　540 000

（二）权益法转换为成本法

因追加投资导致原持有的对联营企业或合营企业的投资转为对子公司投资的，长期股权投资账面价值调整按照长期股权投资初始投资成本确认其账面价值。投资企业因减少投资等原因对被投资单位不再具有共同控制或重大影响的，并且在活跃市场中没有报价、公允价值不能可靠计量的长期股权投资，应当改按成本法核算，并以权益法下长期股权投资的账面价值作为按照成本法核算的初始投资成本。

【例3－5】2007年北京某设计企业与上海某设计集团共同出资成立上海某建筑技术信息咨询有限公司，该咨询公司注册资金1 000万元，北京企业投资200万元，占20%股份，且委派一位企业领导作为该公司董事，参与公司决策。北京设计企业采用权益法进行投资核算。2009年3月该企业决定出售咨询公司的10%股权，撤回委派董事，不再对该公司施加重大影响，且该咨询公司不存在活跃市场，公允价值无法可靠计量，出售后采用成本法核算。出售股权时该长期股权投资账面价值为210万元，其中投资成本200万元，损益调整为10万元，出售取得价款150万元。

北京某设计企业出售股权时的账务处理如下：

借：银行存款	1 500 000	
贷：长期股权投资——投资成本		2 000 000
长期股权投资——损益调整		50 000
投资收益		450 000

（三）长期股权投资的处置

处置长期股权投资，其账面价值与实际取得价款的差额，应当计入当期损益。采用权益法核算的长期股权投资，因被投资单位除净损益以外所有者权益的其他变动而计入所有者权益的，处置该项投资时应当将原计入所有者权益的部分按相应比例转入当期损益。

第三节　投资性房地产

投资性房地产是以赚取租金或资本增值，或者两者兼有而持有的房地产。

一、投资性房地产的初始计量

勘察设计行业的投资性房地产以成本进行初始计量。

1. 外购的投资性房地产成本，包括买价、相关税费和可直接归属于该资产的其他支出。自行建造的投资性房地产成本，由建造该项资产达到预定可使用状态前所发生的必要支出构成，采用“投资性房地产”、“投资性房地产累计折旧”、“投资性房地产减值准备”等科目进行核算。

2. 非投资性房地产在有确凿证据证明房地产用途发生变化时，要转换为投资性房地产。如自用土地使用权停止自用，用于赚取租金或资本增值；自用建筑物停止自用，改为出租等。确凿证据是指：一是公司董事会就房地产改变用途的书面决议；二是房地产因用途改变而发生实际状态上的改变，如从自用改为出租状态。

【例3-6】某房地产公司在“开发产品”科目核算的闲置房在签订出租合同后，要在租赁期开始日将存货房产转为投资性房地产，按照转换日的账面价值借记“投资性房地产”科目，原已计提的跌价准备，借记“存货跌价准备”科目，按账面余额，贷记“开发产品”科目。

企业将自用房在确定出租并签订了出租合同时，要在租赁期开始日将自用房地产转换为投资性房地产，按照转换日的账面原值、累计折旧、减值准备等，分别转入“投资性房地产”、“投资性房地产累计折旧”、“投资性房地产减值准备”科目，按其账面余额借记“投资性房地产”科目，贷记“固定资产”科目，按已计提的折旧，借记“累计折旧”科目，贷记“投资性房地产累计折旧”科目，已计提减值准备的，借记“固定资产减值准备”科目，贷记“投资性房地产减值准备”科目。

【例3-7】某设计企业将一栋12层写字楼中的3~7层用于对外出租，已确认为投资性房地产，采用成本法模式进行后续计量。假设该写字楼出租部分原值为5 213万元，采用直线法计提折旧，月折旧额10.2万元，累计计提折旧1 109万元，净值4 104万元。经检测该写字楼未发生减值，未计提减值准备。

该设计企业账务处理如下：

借：投资性房地产——写字楼	52 130 000
累计折旧	11 090 000

贷：固定资产　　　　　　　　　　　　52 130 000

　　投资性房地产累计折旧　　　　　　11 090 000

二、投资性房地产的后续计量

投资性房地产的后续计量采用成本模式。投资性房地产按照“固定资产”中房产的折旧年限计提折旧，直接借记“其他业务成本”等科目，贷记“投资性房地产折旧”科目，取得的租金收入，借记“银行存款”等科目，贷记“其他业务收入”科目。

【例 3-8】 假定【例 3-7】中写字楼 3~7 层已全部出租给乙企业使用，租期为 2 年，租赁开始日为 20×7 年 3 月 1 日，乙企业每月支付该设计企业租金 3 万元。

该设计企业账务处理如下：

（1）计提折旧。

借：其他业务成本　　　　　　　　102 000

　　贷：投资性房地产折旧　　　　　　　　102 000

（2）确认租金。

借：银行存款　　　　　　　　　　30 000

　　贷：其他业务收入　　　　　　　　　　30 000

三、投资性房地产的后续支出

1. 资本性支出

与投资性房地产有关的后续支出，满足投资性房地产确认条件的计入投资性房地产成本。如投资性房地产的改建、扩建、装修等支出，要计入投资性房地产成本。

【例 3-9】 假定 2009 年 3 月【例 3-8】中的出租写字楼租赁合同到期，为了提高该写字楼的租金收入，设计企业决定对该写字楼进行改造，改造后继续用于出租。至 2009 年 3 月该写字楼已累计计提折旧 1 353.8 万元，净值为 3 859.2 万元，2009 年 3~5 月改建工程已发生支出 120 万元，预计年末完工。

该设计企业账务处理如下：

(1) 2009年3月，投资性房地产转入在建工程。

借：在建工程　　38 592 000

　　投资性房地产折旧　　13 538 000

　　贷：投资性房地产——写字楼　　52 130 000

(2) 发生建安支出120万元。

借：在建工程　　1 200 000

　　贷：银行存款　　1 200 000

2. 费用化支出

不满足投资性房地产确认条件的后续支出，如日常维修等支出，在发生时计入当期损益。

【例3-10】 该设计企业对另一处出租房产更换部分老化照明电线，进行日常维修，发生维修支出6万元。

该设计企业账务处理如下：

借：其他业务成本　　60 000

　　贷：银行存款　　60 000

四、投资性房地产转换为自用房地产

企业将原本用于赚取租金或资本增值的房地产改用于生产商品、提供劳务或经营管理，投资性房地产相应地转换为固定资产。企业将投资性房地产转换为自用房地产时，要按该项投资性房地产在转换日的账面余额、累计折旧、减值准备等，分别转入“固定资产”、“累计折旧”“固定资产减值准备”等科目；按照投资性房地产的账面余额，借记“固定资产”科目，贷记“投资性房地产”科目；按已计提的折旧，借记“投资性房地产累计折旧”科目，贷记“累计折旧”科目；原已计提减值准备的，借记“投资性房地产减值准备”科目，贷记“固定资产减值准备”科目。

五、投资性房地产的处置

当投资性房地产被处置，或者永久退出使用且预计不能从其处置中取得经济利益时，应当终止确认该项投资性房地产。

投资性房地产的处置包括出售或转让、毁损、报废或以非货币性交易换出而减少的投资性房地产。企业出售、转让、毁损、报废的投资性房地产应将处置收入扣除其账面价值和相关税费后的金额计入当期损益。处置时，按照实际收到的金额，借记“银行存款”等科目，贷记“其他业务收入”科目；按该项投资性房地产的账面价值，借记“其他业务成本”科目；按其账面余额，贷记“投资性房地产”科目；按已计提的折旧，借记“投资性房地产累计折旧”科目；原已计提减值准备的，借记“投资性房地产减值准备”科目。

第四节　固定资产

固定资产是指为生产经营、提供劳务、出租或管理持有的，使用寿命超过一个会计年度的有形资产。如房屋、建筑物、机械、设备、运输工具等。根据企业经营及管理需要，对固定资产的类别及确认标准规定如表 3－2 所示。

表 3－2

类　别	项　目	确认单价标准
房屋及建筑物	房屋：办公用房、厂房、营业用房、宿舍、库房、食堂及其他房屋 建筑物：篮球场、道路、管道、烟囱、围墙，以及房屋建筑物内的通风、通水、通油管道、通讯、输电线路、电梯、卫生设备等	

续表

类　别	项　目	确认单价标准
交通工具	各类汽车、摩托车等	
电子设备	主机、服务器、显示器、电视机、扫描仪、复印机、照相设备、数码相机、打印机、投影仪、由程控系统控制的检测设备、网络设备、通讯设备等	
机器、机械、及其他设备	各类晒图、施工、检测设备等	3 000 元以上
工具、器具及家具	在生产中起辅助作用的器具、工具，如工具、空调、锅（茶）炉等；各类办公家具等	3 000 元以上（家具除外）

房屋及建筑物、交通工具、电子设备、办公家具，不论单位价值多少，一律按固定资产进行管理及核算。特别需要说明的是，福利部门（如职工食堂）购置的设备、设施不属于固定资产的核算范围，应直接列入福利费支出。

一、固定资产的初始计量

固定资产按照成本进行初始计量。具体规定如下：

1. 外购的固定资产成本。外购的固定资产成本包括买价、相关税费、使固定资产达到预定可使用状态前所发生的可归属于该项固定资产的运输费、装卸费、安装费和专业人员服务费等，企业收到税务机关退还的与所购买的固定资产相关的增值税款，要冲减固定资产成本。

【例 3-11】 20×8 年 2 月 1 日，某建筑工程质量检测所购入一台检测设备，设备价款 30 万元，增值税进项税为 5.1 万元，发生运输费 0.3 万元，假定不考虑其他相关税费，账务处理如下：

借：固定资产　　　　　　　　　　354 000

贷：银行存款　　　　　　　　　　　　　　　354 000

【例 3－12】某晒图公司于 20×5 年 12 月与设备公司签订一项购货合同，购入一台不需要安装的晒图设备。合同约定，晒图公司以分期付款的方式支付价款。该设备价款共计 30 万元，自 20×6 年 1 月 1 日起分 3 年支付，每年支付 10 万元。设备于 2006 年 1 月运抵使用地点，发生运输费 0.5 万元。合同约定折现率为 10%。

（1）购买价款现值为：

100 000 + 100 000（P/A，10%，2）= 100 000 + 100 000 × 1.7355 = 273 550（元）

（2）20×6 年 1 月 1 日货到付款。

该企业账务处理如下：

借：固定资产　　　　　　　　　　　　273 550
　　未确认的融资费用　　　　　　　　　26 450
　　贷：长期应付款　　　　　　　　　　　　300 000
借：长期应付款　　　　　　　　　　　100 000
　　贷：银行存款　　　　　　　　　　　　　100 000
借：固定资产　　　　　　　　　　　　　5 000
　　贷：银行存款　　　　　　　　　　　　　　5 000

未确认的融资费用分配情况如表 3－3 所示。

表 3－3　　　　　　未确认的融资费用分摊表

日　期	分期付款额	确认融资费用	应付本金减少额	应付本金余额
①	②	③＝⑤×10%	④＝②－③	期末⑤＝期初⑤－④
20×6.1.1				173 550
20×7.1.1	100 000	17 355	82 645	90 905
20×8.1.1	100 000	9 095*	90 905	0
合　计	200 000	26 450	173 550	

*注：尾数调整。

(3) 20×7 年 1 月 1 日付款，设备已使用，未确认的融资费用不再符合资本化条件，计入当期损益。

借：财务费用　　17 355

　　贷：未确认的融资费用　　17 355

借：长期应付款　　100 000

　　贷：银行存款　　100 000

(4) 20×8 年 1 月 1 日付款。

借：财务费用　　17 355

　　贷：未确认的融资费用　　17 355

借：长期应付款　　100 000

　　贷：银行存款　　100 000

2. 自行建造的固定资产成本。自行建造的固定资产成本由建造该项资产达到预定可使用状态前所发生的必要支出构成。包括工程用物资成本、人工成本、缴纳的相关税费、应予资本化的借款费用以及应分摊的间接费用等。自行建造的固定资产有自营和出包两种方式，出包方式成本应包括建筑工程支出、安装工程支出、以及需分摊的管理费、征地费、可行性研究费、临时设施费、公证费、监理费、应负担的税金、符合资本化的借款费用、建设期间发生的工程物资盘亏、报废及毁损净损失，以及联合试车费等各项待摊费用支出。

出包方式下，“在建工程”科目主要是企业与建造承包商办理工程价款的结算科目，企业支付给建造承包商的工程价款作为工程成本通过“在建工程”科目结算。企业支付工程进度款，借记“在建工程——建筑工程（××工程）”、“在建工程——安装工程（××工程）”科目，贷记“银行存款”、“预付账款”等科目；企业为建造固定资产发生的待摊支出，借记“在建工程——待摊支出”科目，贷记“银行存款”、“应付职工薪酬”、“长期借款”等科目。

在建工程达到预定可使用状态时，首先计算分配待摊支出，待摊支出的分配率可按下列公式计算：

$$待摊支出分配率=\frac{累计发生的待摊支出}{(建筑工程支出+安装工程支出+在安装设备支出)}\times 100\%$$

××工程应分配的待摊支出＝（××工程建筑工程支出＋安装工程支出＋在安装设备支出）×分配率

房屋、建筑物等固定资产成本＝建筑工程支出＋应分摊的待摊支出

需要安装设备的成本＝建筑工程支出＋为设备安装发生的基础、支座等建筑工程支出＋安装工程支出＋应分摊的待摊支出

工程达到预定可使用状态，借记“固定资产”科目，贷记“在建工程——建筑工程”、“在建工程——安装工程”、“在建工程——待摊支出”等科目。

【例3－13】 北京某设计企业经审批对一座老旧实验楼进行翻建，20×7年6月与甲建筑公司签订合同，委托工程土建部分施工，土建工程预算造价2 000万元。另与某机电公司签订机电部分工程合同，机电部分造价210万元。与某监理公司签订该工程的监理合同，监理费30万元。

根据发生的经济业务情况，设计企业进行如下账务处理：

（1）20×7年7月支付审图费、交易服务费、扰民费、招标代理费等，共计11万元。

借：在建工程——待摊支出（实验楼）　　110 000
　　贷：银行存款　　110 000

（2）20×7年8月支付旧楼拆除工程款50万元；预付土建部分工程款340万元。

借：在建工程——建筑工程（实验楼）　　500 000
　　预付账款　　3 400 000
　　贷：银行存款　　3 900 000

（3）20×8年3月土建部分工程完成40%，设计企业与甲建筑

公司结算工程款800万元，扣除预付款后以银行存款支付。

借：在建工程——建筑工程（实验楼）　　8 000 000

　　贷：银行存款　　4 600 000

　　　　预付账款　　3 400 000

（4）20×8年8月再支付土建部分工程500万元，以银行存款支付。

借：在建工程——建筑工程（实验楼）　　5 000 000

　　贷：银行存款　　5 000 000

（5）20×8年10月支付机电部分工程款80万元；支付监理费14万元；支付检测费2.4万元。

借：在建工程——安装工程（实验楼）　　800 000

　　在建工程——待摊支出（实验楼）　　164 000

　　贷：银行存款　　964 000

（6）20×9年1月土建部分完工，工程决算造价1 800万元，支付甲公司工程780万元，扣10%的工程尾款，一年后支付。

借：在建工程——建筑工程（实验楼）　　7 800 000

　　贷：银行存款　　7 800 000

（7）20×9年3月机电部分工程完工，工程决算造价240万元，支付机电部分工程款136万元，扣10%的工程尾款，一年后支付。

借：在建工程——安装工程（实验楼）　　1 360 000

　　贷：银行存款　　1 360 000

（8）20×9年3月支付监理费16万元。

借：在建工程——待摊支出（实验楼）　　160 000

　　贷：银行存款　　160 000

（9）20×9年4月工程竣工，工程总造价2 083.4万元，当月交付使用。

借：固定资产——房屋及建筑物（实验楼）

　　20 834 000

贷：在建工程——建筑工程（实验楼）　　16 200 000
　　在建工程——安装工程（实验楼）　　2 160 000
　　在建工程——待摊支出（实验楼）　　434 000
　　应付账款　　2 040 000

＊注：本例属于单体工程项目，不涉及“待摊支出”的分摊问题。

3. 投资者投入的固定资产成本，按照投资合同或协议约定的价值确定，但合同或协议约定的价值不公允的除外。

4. 非货币性交易取得的固定资产成本，以换出资产的账面价值和应支付的相关税费构成，不确认损益。

5. 企业合并、债务重组取得的固定资产成本，以公允价值及相关税费作为该项资产的入账成本。

6. 融资租赁取得的固定资产成本，以该项资产的租赁期开始日租赁资产的公允价值与最低租赁付款额现值两者中较低者作为成本，将最低付款额作为长期应付款入账，其差额作为未确认的融资费用。可归属于租赁资产的手续费、律师费、差旅费、印花税等初始直接费用，计入租入固定资产成本。

7. 接受捐赠的固定资产成本，以公允价值和相关税费作为该项资产的入账成本。

8. 盘盈的固定资产，以同类固定资产的重置完全价值作为入账成本。

已经入账的固定资产除发生下列情况外，不得任意变动固定资产的账面价值：（1）根据国家规定对固定资产进行重新估价；（2）增加补充设备或改良装置；（3）将固定资产一部分拆除；（4）根据实际价值调整原来暂估价值；（5）发现原来记录固定资产价值有误。

二、固定资产后续计量

（一）固定资产折旧

1. 计提固定资产折旧的范围

除下列情况外，要对所有的固定资产计提折旧：

（1）已提足折旧仍继续使用的固定资产；

（2）已转入在建工程的固定资产。

2. 固定资产折旧采用年限平均法（直线法）

3. 固定资产折旧年限

（1）房屋、建筑物为 20 年；

（2）机器、机械和其他设备为 10 年；

（3）运输工具为 4 年；

（4）电子设备为 3 年；

（5）工具、器具、家具等为 5 年。

（二）固定资产的预计净残值率为 3%

（三）因更新改造等原因而调整固定资产价值的，应当根据调整后的价值，预计尚可使用年限和净残值，重新计算计提折旧

三、固定资产的后续支出

固定资产的后续支出包括更新改造支出和修理费用。固定资产的后续支出符合固定资产确认条件的要计入固定资产成本，同时剔除被替换部分的账面价值；不符合固定资产确认条件的，要计入当期损益。

（一）固定资产资本化的后续支出

固定资产发生资本化支出，须同时满足以下条件：

1. 维修支出达到取得固定资产时入账成本的 50% 以上；

2. 修理后固定资产的使用年限延长 2 年以上。

在同时满足上述条件时，应将固定资产原价、已计提的折旧和减值准备转销，将固定资产的账面价值转入在建工程，并停止计提折旧。在确认固定资产后续支出时，涉及的固定资产剔除部分，应将剔除部分的价值从固定资产账面价值中扣除后确认固定资产入账价值，并按照固定资产尚可使用年限分期计提折旧。

不能同时满足上述条件的固定资产大修支出，如装修费用、涉及整栋房屋的水（电、空调）管道更换、维修等费用作为长期待摊费用核算，自支出发生月份的次月起，按3年分期摊销。

【例3-14】 20×6年12月，某设计企业因业务发展需要，经办公会研究决定，对原有一栋单身宿舍楼进行改造，改造后将作为办公楼使用，扩大办公用房面积。该单身宿舍楼原值114万元，已计提折旧60万元，净值54万元。此次改造工程土建部分预算造价900万元；集中空调造价200万元；电梯等设备造价100万元；监理费30万元。改建后该楼仍可使用20年。

根据发生的经济业务情况，该设计企业账务处理如下：

（1）20×6年12月原单身宿舍楼转入在建工程。

借：在建工程——建筑工程（单宿楼） 540 000
　　累计折旧 600 000
　　贷：固定资产——单宿楼 1 140 000

（2）20×7年1月支付拆迁补助费2.6万元；检测、评审、测量等费用1.3万元；预付工程款130万元。

借：在建工程——待摊支出（单宿楼） 39 000
　　预付账款——其他预付款（单宿楼） 1 300 000
　　贷：银行存款 1 339 000

（3）20×7年8月支付空调预付款（30%）53.4万元；电梯预付款（30%）27.3万元；工程土建部分完成50%，应付工程款450万元，扣除预付款，实际支付工程款320万元。

借：预付账款——其他预付款（单宿楼） 534 000
　　预付账款——其他预付款（单宿楼） 273 000
　　在建工程——建筑工程（单宿楼） 4 500 000
　　贷：银行存款 4 007 000

预付账款——其他预付款（单宿楼）　　1 300 000

（4）20×7 年 10 月支付工程款 100 万元；支付电话交换机安装费 2.8 万元；门窗安装费 5.1 万元；电梯预付款（50%）45.5 万元；空调预付款（30%）53.4 万元；支付监理费 15.6 万元。

借：在建工程——建筑工程（单宿楼）　　1 000 000
　　在建工程——安装工程（单宿楼）　　79 000
　　预付账款——其他预付款（单宿楼）　　534 000
　　预付账款——其他预付款（单宿楼）　　455 000
　　在建工程——待摊支出（单宿楼）　　156 000
　　贷：银行存款　　2 224 000

（5）20×7 年 12 月工程完工，决算总造价 960 万元，此次支付工程款 314 万元，扣 10% 的工程尾款；电梯款 17.2 万元，扣 10% 的工程尾款，电梯安装费 10 万元；空调款 73.2 万元，扣 10% 的工程尾款，空调安装费 20 万元；支付监理费 14.4 万元。

借：在建工程——建筑工程（单宿楼）　　4 100 000
　　在建工程——安装工程（单宿楼）　　300 000
　　在建工程——待摊支出（单宿楼）　　144 000
　　在建工程——在安装设备
　　　　　　——空调（单宿楼）　　2 000 000
　　在建工程——在安装工程
　　　　　　——电梯（单宿楼）　　1 000 000
　　贷：银行存款　　4 488 000
　　　　预付账款——其他预付款（单宿楼）　　1 068 000
　　　　预付账款——其他预付款（单宿楼）　　728 000
　　　　应付账款——××施工队　　960 000
　　　　应付账款——××电梯公司　　100 000
　　　　应付账款——××空调公司　　200 000

（6）工程竣工交付使用，转固定资产。

借：固定资产——房屋及建筑物（单宿楼）

13 858 000

贷：在建工程——建筑工程（单宿楼）　10 140 000

在建工程——安装工程（单宿楼）　379 000

在建工程——在安装工程（单宿楼）　3 000 000

在建工程——待摊支出（单宿楼）　339 000

（二）固定资产费用化的后续支出

企业为了保证固定资产的正常运转和使用所做的必要维护，以及因固定资产在使用中的磨损、零部件的损坏而进行的日常修理费用，不符合固定资产的确认条件，要在费用发生时计入当期费用。

四、固定资产的处置

1. 固定资产的终止确认及处理

当固定资产符合下列条件时，要终止确认固定资产：

（1）固定资产因出售、转让、报废或毁损、对外投资、非货币性资产交换、债务重组等原因而处于处置状态。

（2）固定资产预期在使用或处置不能产生经济利益而不再符合固定资产确认条件的。

固定资产处置要通过“固定资产清理”科目进行归集和核算。首先，按固定资产净值借记“固定资产清理”科目，按账面余额借记“累计折旧”、“固定资产减值准备”科目，贷记“固定资产”科目。发生的清理费用，借记“固定资产清理”科目，贷记相关科目。固定资产的变价收入，借记相关资产科目，贷记“固定资产清理”科目。固定资产变价收入涉及的相关税费，借记“固定资产清理”科目，贷记“银行存款”科目。获得保险公司的理赔款，借记“银行存款”等科目，贷记“固定资产清理”科目。清理固定资产净损失，属于正常损失的，借记“营业外支出——处置非流动资产损失”科目，贷记“固定资产清理”科目；属于自然灾害等非正常原因造成的，借记“营业外支出——非常损失”科目，贷记

“固定资产清理”科目。清理固定资产净收益，借记“固定资产清理”科目，贷记“营业外收入”科目。

2. 固定资产的盘盈、盘亏及处理

企业应定期进行固定资产的清查，以保证固定资产的安全、完整。当发现有盘盈和盘亏现象时，应分析原因并进行相关处理。

企业盘亏的固定资产通过“待处理财产损溢——待处理固定资产损溢”科目核算。盘亏造成的损失，借记“营业外支出——盘亏损失”科目，贷记“待处理财产损溢——待处理固定资产损溢”科目。企业盘盈的固定资产，按照固定资产重置价值入账，借记“固定资产”科目，贷记“以前年度损益调整”科目。

第五节　无形资产

无形资产是企业为生产产品、提供劳务、出租或经营管理持有的、没有实物形态的非货币性长期资产，包括专利权、商标权、著作权、土地使用权、非专利技术、商誉等。在目前的业务中涉及无形资产核算的主要是土地使用权、专利权和购买的各类管理及专业软件。

一、无形资产的初始计量

无形资产按照成本进行初始计量，即以取得无形资产并使之达到预定用途而发生的全部支出。其中包括专业服务费用、测试无形资产能否正常发挥作用等的费用，不包括广告费、宣传费、管理费等其他间接费用，也不包括无形资产达到预定用途之后发生的费用。具体如下：

1. 外购的无形资产成本包括买价、相关税费以及直接归属于该项资产达到预定用途发生的其他支出。

2. 投资者投入的无形资产成本，按照投资合同或协议约定的价值确定，在投资合同或协议不公允的情况下，按无形资产公允价值入账。

【例3-15】20×6年1月某设计企业以一块土地使用权及部分现金作为投资，成立全资下属房地产开发公司，由房地产公司利用该土地进行房地产开发项目。该土地评估价550万元，设计企业另支付现金450万元，形成房地产公司的注册资金1 000万元。在设计企业投资决议和房地产公司章程中未对土地使用权的使用期限作出规定。

根据上述业务，房地产公司账务处理如下：

借：无形资产——土地使用权　　5 500 000

　　银行存款　　4 500 000

　　贷：实收资本　　10 000 000

3. 自行开发的无形资产成本为可直接归属于该项资产的创造、生产并使该项资产能够以管理层预定的方式运作的所有必要支出组成。可直接归属于该资产的成本主要包括：开发该项无形资产时消耗的材料、劳务成本、注册费、在开发该无形资产过程中使用的其他专利权和特许权的摊销、资本化利息支出，以及为使该项无形资产达到预定用途所发生的其他费用。但不包括研究阶段发生的费用，以及销售费用、管理费用、为运行该项无形资产进行的培训支出等。

【例3-16】20×7年1月，某设计公司经科技部门批准，开展体育馆索杆结构体系研究，该项目的研究成果将提升体育馆的结构设计水平，使整个结构的安全性得到更加可靠的保证，在满足建筑美观的前提下，使其更加经济合理，节约工程造价，为今后国家相关标准的制定提供有力的参考，推动空间结构设计的进步。该项目在研究中发生实验消耗费11万元；科研业务费3万元；调研费2万元；协作费4万元；科技劳务费4万元；注册费2万元；其他费用4万元；共计30万元。

根据发生的经济业务情况，设计企业账务处理如下：

(1) 发生的研发支出。

借：研发支出——资本化支出（人工费）　　40 000
　　研发支出——资本化支出（其他）　　220 000
　　研发支出——费用化支出　　40 000
　　贷：银行存款　　300 000

（2）20×7 年 12 月，该项目已申报专利，并在体育馆设计中成功运用。

借：管理费用　　40 000
　　无形资产　　260 000
　　贷：研发支出——资本化支出（人工费）　　40 000
　　　　研发支出——资本化支出（其他）　　220 000
　　　　研发支出——费用化支出　　40 000

4. 非货币性资产交换取得的无形资产，以换出资产的账面价值和应支付的相关税费构成，不确认损益。

5. 接受捐赠、债务重组等方式取得的无形资产，以公允价值和支付的相关税费为入账价值。

二、无形资产的后续计量

无形资产在使用期间要以成本减去累计摊销额和累计减值损失后的余额计量。在确定累计摊销额时，要合理估计无形资产的使用寿命，并按照合理的方法进行摊销。

1. 无形资产使用寿命的确定

（1）投资或受让的无形资产，有法律或合同约定使用年限的，按照法律或合同约定的使用年限分摊。没有法律或合同约定使用年限的，企业要综合各方面情况确定。

（2）外购商誉，在企业整体转让或清算时，一次摊销。

（3）企业自行开发的无形资产，按照设计年限摊销。

（4）企业外购的管理或专业软件，分 2 年摊销。

（5）有确凿证据表明使用寿命无法确定的无形资产，如土地使用权，在持有期间不作摊销，而要在每个会计期末进行减值测试，对于已发生减值的无形资产计提减值准备。

2. 无形资产的摊销

无形资产的摊销采用直线法。一般情况下，无形资产摊销计入当期损益。如无形资产专门用于某项产品或服务的，要将无形资产的摊销费用计入该产品或服务的成本。

3. 无形资产的净残值

无形资产的净残值一般为“零”。但有第三方承诺愿意出一定价格购买该项无形资产或该项无形资产存在活跃市场，并通过市场能够获取该无形资产残值信息的，可以预计无形资产的净残值。

三、无形资产的处置

无形资产处置包括无形资产出售、对外出租、对外捐赠，或者是无法为企业带来经济利益时，要予转销或终止确认。

1. 出售无形资产

企业出售无形资产，要将取得的价款与该项无形资产账面价值的差额计入当期损益。具体账务处理如下：按实际收到的金额借记“银行存款”等科目；按已摊销额借记“累计摊销”科目；原已计提减值准备的，借记“无形资产减值准备”科目；按应支付的税费，贷记“应交税费”等科目；按其账面余额，贷记“无形资产”科目；按其差额，贷记“营业外收入——处置非流动资产利得”科目或借记“营业外支出——处置非流动资产损失”科目。

2. 无形资产出租

企业将拥有的无形资产的使用权让渡给他人，取得租金，按取得的租金收入，借记“银行存款”等科目，贷记“其他业务收入”等科目；摊销出租无形资产的成本并发生与转让有关的各种费用支出时，借记“其他业务成本”科目，贷记“无形资产”科目。

3. 无形资产报废

如果无形资产预期不能为企业带来经济效益，如无形资产已被其他技术所替代、无形资产不再受到法律保护等，应予报废转销。

无形资产报废时，要按已摊销的累计摊销额，借记“累计摊销”科目；原已计提减值准备的，借记“无形资产减值准备”科目。按其账面余额，贷记“无形资产”科目；按其差额，借记“营业外支出——处置无形资产损失”科目。

第六节　非货币性资产交换

非货币性资产交换，是指交易双方以存货、固定资产、无形资产和长期股权投资等非货币性资产进行的交换。主要包括存货（原材料、包装物、低值易耗品、库存商品）、长期股权投资、投资性房地产、固定资产、在建工程、工程物资、无形资产等。

非货币性资产交换一般不涉及货币性资产或只涉及少量货币性资产（即补价），补价占整个资产交换金额的比例低于25%可认定为非货币性资产交换。

一、非货币性资产交换的确认和计量

（一）公允价值

非货币性资产交换同时满足下列条件的，应当以公允价值和应支付的相关税费作为换入资产的成本，公允价值与换出资产账面价值的差额计入当期损益：

第一，该项交换具有商业实质；

第二，换入资产或换出资产的公允价值能够可靠地计量。

1. 确认商业实质的条件

从性质上划分，满足下列条件之一的，视为具有商业实质：

（1）换入资产的未来现金流量在风险、时间和金额方面与换出资产显著不同。主要体现在：未来现金流量的风险、金额相同，时间不同；或未来现金流量的时间、金额相同，风险不同；或未来现金流量的风险、时间相同，金额不同。

（2）换入资产与换出资产的预计未来现金流量现值不同，且其

差额与换入资产和换出资产的公允价值相比是重大的。

从类别上划分，不同类的非货币性资产，如存货、固定资产、投资性房地产、长期股权投资、无形资产之间的交换，其产生的未来现金流量风险、时间和金额不同，可以认定为具有商业实质。

关联方之间的交换不确认商业实质。

2. 公允价值能够可靠计量的确认条件

非货币性资产交换在满足以下条件之一时，可以认定为公允价值能够可靠计量：

（1）换入或换出资产存在活跃市场；

（2）换入或换出资产不存在活跃市场，但同类或类似资产存在活跃市场；

（3）换入或换出资产不存在同类或类似资产可比市场交易、采用估值技术满足下列条件之一时，确认为能够可靠计量：采用估值技术确定的公允价值估计数的变动区间很小；或在公允价值估计数的变动区间内，各种用于确定公允价值估计数的概率能够合理确定。

（二）账面价值

不具有商业实质或交换涉及资产的公允价值均不能可靠计量的非货币性资产交换，按照换出资产的账面价值和应支付的相关税费作为换入资产的入账成本，无论是否支付补价，均不确认损益；收到或支付的补价作为确定换入资产的调整因素，收到补价方以换出资产的账面价值减去补价加上应支付的相关税费作为换入资产的成本；支付补价方以换出资产的账面价值加上补价和应支付的相关税费作为换入资产的成本。

二、非货币性资产交换的会计处理

（一）以公允价值计量的会计处理

非货币性资产交换，根据换出资产的类别不同，分别作如下处理：

1. 换出资产为存货的，视同销售处理，按公允价值确认收入，同时按账面价值结转销售成本，公允价值与账面价值间的差额，在利润表中以营业利润的构成部分列示。

2. 换出资产为固定资产、无形资产的，换出资产公允价值和换出资产账面价值的差额计入营业外收入或营业外支出。

3. 换出资产为长期股权投资、可供出售金融资产的，换出资产公允价值和换出资产账面价值的差额计入投资收益。

【例3-17】 20×9年3月，甲设计企业为了获得乙设计企业一项结构计算软件专利技术，以甲企业持有的对丙公司长期股权投资作为交换条件。交换日，甲设计企业持有的对丙公司长期股权投资账面价值1 000万元，公允价值700万元，已计提减值准备200万元；乙设计企业计算软件专利技术账面价值900万元，累计摊销100万元，计提减值准备50万元，公允价值700万元。（该交易具有商业实质，且公允价值能够可靠计量）

甲设计企业账务处理如下：

借：无形资产——专利权	7 000 000	
长期股权投资减值准备	2 000 000	
投资收益	1 000 000	
贷：长期股权投资		10 000 000

乙设计企业账务处理如下：

借：长期股权投资	7 000 000	
累计摊销	1 000 000	
无形资产减值准备	500 000	
营业外支出	500 000	
贷：无形资产——专利权		9 000 000

企业在按照公允价值和应支付的相关税费作为换入资产成本的情况下，发生补价的，应当分别下列情况处理：

（1）支付补价的，以换出资产的公允价值加上支付的补价（即换入资产的公允价值）和应支付的相关税费作为换入资产的成本；换入资产成本与换出资产账面价值加支付的补价、应支付的相关税费之和的差额，应当计入当期损益。

(2) 收到补价的，以换入资产的公允价值（或换出资产的公允价值减去补价）和应支付的相关税费作为换入资产的成本；换入资产成本加收到的补价之和与换出资产账面价值加应支付的相关税费之和的差额，应当计入当期损益。

【例3-18】甲设计企业在郊区有一栋用于出租房屋，属于投资性房地产，以成本模式计量。交换日，该房屋账面原值3 000万元，已计提折旧1 000万元，没有计提减值准备，该房屋计税基础和公允价值相同为4 000万元；由于该房屋距乙设计企业的办公地点很近，甲、乙设计企业为协作单位，经双方协商，乙设计企业以持有的长期股权投资，另支付现金800万元，换取甲设计企业该栋房产。乙设计企业的长期股权投资账面价值2 500万元，采用公允价值核算，交换日该股权投资公允价值3 500万元。交换后，乙设计企业房产仍用于出租，甲设计企业股权投资也仍用于交换目的。除营业税外，不涉及其他相关税费。

分析：甲设计企业：800万元÷（3 500万元+800万元）×100%=18.6%<25%

乙设计企业：800万元÷4 000万元×100%=20%<25%

此项交易为非货币性资产交换。

甲设计企业账务处理如下：

借：其他业务成本	20 000 000	
投资性房地产累计折旧	10 000 000	
贷：投资性房地产		30 000 000
借：营业税金及附加（4 000×5.5%）	2 200 000	
贷：应交税金		2 200 000
借：可供出售金融资产	35 000 000	
银行存款	8 000 000	
贷：营业外收入		43 000 000

乙设计企业账务处理如下：

借：投资性房地产　　40 000 000

　　贷：可供出售金融资产　　25 000 000

　　　　银行存款　　8 000 000

　　　　投资收益　　7 000 000

（二）以换出资产账面价值计量的会计处理

非货币性资产交换不具有商业实质，或换入资产和换出资产的公允价值不能可靠计量的，以换出资产的账面价值和应支付的相关税费作为换入资产的成本，不确认损益。

企业在按照换出资产的账面价值和应支付的相关税费作为换入资产成本的情况下，发生补价的，应当分别下列情况处理：

1. 支付补价的，应当以换出资产的账面价值，加上支付的补价和应支付的相关税费，作为换入资产的成本，不确认损益。

2. 收到补价的，应当以换出资产的账面价值，减去收到的补价并加上应支付的相关税费，作为换入资产的成本，不确认损益。

【例3-19】 甲设计企业拥有一项结构专利技术，账面价值80万元，已摊销20万元；乙设计企业拥有对一家小型设计公司的长期股权投资，该投资账面价值51万元，占被投资单位股权比例51%，两项资产均未计提减值准备。乙设计企业决定以该项投资交换甲设计企业的结构专业的专利技术，另支付甲企业5万元现金。由于甲结构专利技术属于专门用于某类建筑结构设计，不存在活跃市场，公允价值不能可靠计量。乙企业的长期股权投资在活跃市场中没有报价，其公允价值不能可靠计量。

分析：甲设计企业：5万元÷60万元×100%＝8.3%＜25%

乙设计企业：5万元÷（51万元＋5万元）×100%＝9%＜25%

此项交易为非货币性资产交换。

甲设计企业账务处理如下：

借：长期股权投资　　550 000

　　累计摊销　　200 000

银行存款　　50 000

贷：无形资产　　800 000

乙设计企业账务处理如下：

借：无形资产——专利权　　560 000

贷：长期股权投资　　510 000

银行存款　　50 000

（三）非货币性资产交换同时换入多项资产的，在确定各项换入资产的成本时，应当分别下列情况处理：

1. 非货币性资产交换具有商业实质，且各项换出资产和换入资产的公允价值均能够可靠计量的，换入资产的总成本以换出资产的公允价值总额为基础，各项换入资产的成本，按照各项换入资产的公允价值占换入资产公允价值总额的比例，对换入资产的成本总额进行分配，确定各项换入资产的成本。

2. 非货币性资产交换不具有商业实质，或者虽具有商业实质但换入资产和换出资产的公允价值均不能可靠计量的，换入资产的总成本以换出资产原账面价值总额为基础，各项换入资产的成本，按照各项换入资产的原账面价值占换入资产原账面价值总额的比例，对换入资产的成本总额进行分配，确定各项换入资产的成本。

第七节　收　入

收入，是指企业在日常活动中形成的，会导致所有者权益增加的，与所有者投入资本无关的经济利益的总流入。主要包括销售商品收入、提供劳务收入、让渡资产使用权收入、建造合同收入等。

销售商品收入包括：销售办公用品、劳保用品、标准图集、报刊、零星食品等取得的收入。提供劳务收入包括：设计、咨询、技术转让、审图、检测、工程总承包、建安工程施工、工程监理、广告、出版发行、晒图（制图）、模型制作、物业管理费、培训费、停车费等取得的收入。让渡资产使用权收入包括：房租、会议室出租、债券利息、现金股利等取得的收入（让渡资产使用权收入的确认和计量见“租赁”和“金融工具”的相关政策）。建造合同收入包括：承揽建造房屋等建筑物实现的收入，主要分为合同规定的初始收入；因合同变更、索赔、奖励等形成的收入（建造合同收入的确认与计量见“建造合同”相关会计政策）。

一、劳务收入的确认和计量

（一）设计、审图、工程总承包、监理、检测、广告、建筑安装等收入的确认和计量

在资产负债表日，各企业提供设计、工程总承包、咨询、审图、监理等劳务交易的结果能够可靠估计的，要采用完工百分比法确认收入。

企业按照已经提供的劳务占应提供劳务总量的比例确定提供劳务的完工进度，按照从接受劳务方已收或应收的合同或协议价款确定提供劳务收入总额。按照设计、咨询、审图、监理等劳务收入总额乘以完工进度扣除以前会计期间累计已确认提供劳务收入后的金额，确认当期提供劳务收入；同时，按照提供设计、咨询、审图、监理收入等劳务估计总成本乘以完工进度扣除以前会计期间累计已确认劳务成本后的金额，结转当期设计、咨询、审图、监理等劳务成本。

本期确认的收入＝劳务总收入×本期止劳务完工进度－以前期间已确认的收入

本期确认的费用＝劳务总成本×本期止劳务完工进度－以前期间已确认的费用

【例3－20】 某设计公司于20×8年2月接受一项写字楼设计任务，设计周期为10个月，12月末交付施工图纸。该项目总设计费为800万元，合同生效日由委托单位先支付20%的定金，即160万

元，设计公司开始方案设计，并于4月末交付方案设计图纸；7月交付初步设计图纸时，委托方支付设计费的30%，即240万元；12月交付施工图纸时，委托方支付40%的设计费，即320万元；委托方预留10%的设计尾款作为后期施工配合服务费用，待工程项目竣工后支付（假设不考虑税费）。

该设计公司账务处理如下：

①20×8年2月，设计公司收到委托方支付的定金160万元。

借：银行存款　　　　1 600 000

　　贷：预收账款——定金　　　　1 600 000

②20×8年4月，设计公司交付委托方方案设计图纸，方案设计工作量占设计工作总量的20%，结转相关收入。

借：预收账款——定金　　　　1 600 000

　　贷：主营业务收入——设计收入　　　　1 600 000

③20×8年7月，设计公司交付委托方初步设计图纸，初步设计工作量占设计工作总量的30%；收到委托方支付的240万元设计费，结转相关收入。

借：银行存款　　　　2 400 000

　　贷：主营业务收入——设计收入　　　　2 400 000

④20×8年12月，设计公司交付委托方施工图设计图纸，施工图设计工作量占设计工作总量的50%；收到委托方支付的320万元设计费，结转相关收入。

借：银行存款　　　　3 200 000

　　应收账款　　　　800 000

　　贷：主营业务收入——设计收入　　　　4 000 000

在资产负债表日，提供劳务交易成果不能可靠估计的，不能采用完工百分比法确认收入，要根据预计已经发生的劳务成本能够得到补偿和不能得到补偿分别处理：

1. 已经发生的劳务成本预计全部能够得到补偿的，按已收或预计能够收回的金额确认收入，并结转已经发生的成本。

2. 已经发生的劳务成本预计部分能够得到补偿的，按照能够得到补偿的劳务成本金额确认收入，并结转发生的劳务成本。

【例3-21】 20×8年2月某装饰公司以包工包料的形式承揽一项办公楼装修改造工程，合同总价款1 927万元，预计20×9年5月完工，价款分四次支付，即合同签订生效之日委托方预付合同金额30%的工程款（578万元），工程开始施工；20×8年10月委托方支付合同金额的30%（578万元）；20×9年5月工程交付使用，委托方支付合同金额的30%（578万元），预留10%（193万元）作为工程尾款，一年后支付（假设不考虑税金）。

该装饰公司账务处理如下：

①合同签订，委托方支付578万元。

借：银行存款	5 780 000	
贷：预收账款		5 780 000

②20×8年3月装饰公司实际发生人工费50万元、材料费300万元、设备租赁费100万元。

借：合同成本——人工费	500 000	
合同成本——材料费	3 000 000	
合同成本——机械使用费	1 000 000	
贷：应付职工薪酬		500 000
银行存款		4 000 000
借：主营业务成本	4 500 000	
贷：合同成本——人工费		500 000
合同成本——材料费		3 000 000
合同成本——机械使用费		1 000 000
借：预收账款	4 500 000	
贷：主营业务收入		4 500 000

③20×8年10月委托方支付合同金额的30%（578万元）。

借：银行存款	5 780 000	
贷：预收账款		5 780 000

④20×8年12月装饰公司累计发生人工费300万元，材料费700万元，设备租赁费500万元，扣除以前月份已确认的各项成本，余额在12月末确认。

借：合同成本——人工费	2 500 000	
合同成本——材料费	4 000 000	
合同成本——机械使用费	4 000 000	
贷：应付职工薪酬		2 500 000
银行存款		8 000 000
借：主营业务成本	10 500 000	
贷：合同成本——人工费		2 500 000
合同成本——材料费		4 000 000
合同成本——机械使用费		4 000 000
借：预收账款	7 060 000	
贷：主营业务收入		7 060 000

⑤20×9年5月该项目完工交付使用，委托方支付578万元。装饰公司共发生人工费500万元，材料费800万元，设备租赁费500万元，扣除以前年度已确认的各项成本，余额在竣工时确认。

借：合同成本——人工费	2 000 000	
合同成本——材料费	1 000 000	
贷：应付职工薪酬		2 000 000
银行存款		1 000 000
借：主营业务成本	3 000 000	
贷：合同成本——人工费		2 500 000
合同成本——材料费		1 000 000
借：银行存款	5 780 000	
贷：主营业务收入		5 780 000

3. 已经发生的劳务成本预计全部不能得到补偿的，将已发生的劳务成本计入当期损益，不确认收入。

（二）咨询、技术转让等其他劳务收入的确认和计量

咨询、技术转让、出版发行、晒图（制图）、模型制作、物业管理费、培训费、停车费等收入，按照合同规定的收费进度，以实际收到款项的时间和金额确认收入。

二、销售收入的确认和计量

销售收入要在满足下列条件时予以确认：①已将商品所有权上的主要风险和报酬转移给购货方；②既没有保留通常与所有权相联系的继续管理权，也没有对已出售的商品实施有效控制；③收入的金额能够可靠地计量；④相关的经济利益很可能流入企业；⑤相关的已发生或将发生的成本能够可靠地计量。

收入金额按照从购货方已收或应收的合同或协议价款确定，但已收或应收的合同或协议价款不公允的除外。

销售商品涉及现金折扣的，按照扣除现金折扣前的金额确定销售商品收入金额，现金折扣在实际发生时计入财务费用。销售商品涉及商业折扣的，应当按照扣除商业折扣后的金额确定销售商品收入金额。已经确认销售商品收入的售出商品发生销售折让的，应当在发生时冲减当期销售商品收入。企业已经确认销售商品收入的售出商品发生销售退回的，应当在发生时冲减当期销售商品收入。

第八节　建造合同

建造合同是指为建造一项或数项在设计、技术、功能、最终用途等方面密切相关的资产而订立的合同。建造合同分为固定造价合同和成本加成合同。

一、合同成本

合同成本包括从合同签订开始至合同完成止所发生的、与执行合同有关的直接费用和间接费用。

直接费用应当包括下列内容：①耗用的材料费用；②耗用的人工费用；③耗用的机械使用费；④其他直接费用。

耗用的材料费用包括施工过程中耗用的构成工程实体或有助于形成工程实体的原材料、辅助材料、构配件、零件、半成品的成本和周转材料及租赁费用。周转材料指企业施工过程中能多次使用并可基本保持原来的实务形态而逐渐转移其价值的材料，如模板、脚手架等。耗用的人工费用包括从事工程建造人员的工资、奖金、福利费、工资性质的津贴等支出。耗用的机械使用费包括施工生产过程中使用自有施工机械所发生的机械使用费，租用外单位施工机械支付的租赁费和施工机械的安装、拆卸和进场费。其他直接费用指其他可以直接计入合同成本的费用，包括设计和技术援助费用、施工现场材料的二次搬运费、生产工具和用具使用费、检验试验费、工程定位复测费、工程点交费用、场地清理费用等。

间接费用包括临时设施摊销费用和企业下属的施工单位、生产单位为组织和管理施工生产活动所发生的费用。如：管理人员工资、劳动保护费、固定资产折旧及修理费、物料消耗、取暖费、水电费、办公费、差旅费、财产保险、工程保修费、排污费等。

直接费用在发生时直接计入合同成本，间接费用在资产负债表日按照系统、合理的方法分摊计入合同成本。

合同完成后处置残余物资取得的收益等与合同有关的零星收益，应当冲减合同成本。

合同成本不包括企业行政管理部门为组织和管理生产经营活动所发生的管理费用。因订立合同而发生的有关费用，应当直接计入当期损益。

二、合同收入与合同费用

（一）合同收入

合同收入包括合同规定的初始收入，即承包商与客户签订的合同中最初商定的合同总金额；因合同变更、索赔、奖励等形成的收入。

合同变更，是指客户为改变合同规定的作业内容而提出的调整。索赔款，是指因客户或第三方的原因造成的、向客户或第三方收取的、用以补偿不包括在合同造价中成本的款项。奖励款，是指工程达到或超过规定的标准，客户同意支付的额外款项。

合同变更款要在满足以下两个条件时确认：①客户能够认可因变更而增加的收入；②该收入能够可靠地计量。

索赔款要在满足以下两个条件时确认：①根据谈判情况，预计对方能够同意该项索赔；②对方同意接受的金额能够可靠计量。

奖励款要在满足以下两个条件时确认：①根据合同目前完成情况，足以判断工程进度和工程质量能够达到或超过规定的标准；②奖励金额能够可靠地计量。

（二）结果能够可靠估计的建造合同

建造合同的结果能够可靠估计，要采用完工百分比法在资产负债表日后事项确认合同收入和合同费用。

1. 建造合同的结果能够可靠估计的认定标准

固定合同结果能够可靠估计的认定标准需要满足以下四个条件：

（1）合同收入能够可靠计量；

（2）与合同相关的经济利益很可能流入企业；

（3）实际发生的合同成本能够清楚地区分和可靠计量；

（4）合同完工进度和为完成合同尚需发生的成本能够可靠地确定。

成本加成合同结果能够可靠计量的认定标准需要满足以下两个条件：

（1）与合同相关的经济利益很可能流入企业；

（2）实际发生的合同成本能够清楚地区分和可靠地计量。

2. 完工进度的确定

完工进度根据累计发生的合同成本占合同预计总成本的比例

确定。

合同完工进度 = 累计实际发生的合同成本 ÷ 合同预计总成本 ×100%

当期确定的合同收入 = 合同总收入 × 完工进度 - 以前会计期间累计已确认的收入

当期确定的合同费用 = 合同预计总成本 × 完工进度 - 以前会计期间累计已确认的费用

当期确定的合同毛利 = 当期确定的合同收入 - 当期确定的合同费用

【例 3-22】 某建筑公司签订了一项总金额为 9 800 万元的固定造价合同，合同完工进度按照累计发生的合同成本占合同总成本的比例确定。工程于 20×5 年 1 月开工，20×7 年 9 月完工，工程各年发生成本及合同价款结算情况如表 3-4 所示。最初预计的工程总成本为 9 000 万元。

表 3-4 单位：万元

项　目	20×5 年	20×6 年	20×7 年
累计实际发生成本	3 000	4 000	2 000
累计完成合同尚需发生成本	6 000	2 000	—
结算合同价款	3 500	4 000	2 300
实际收到价款	2 800	3 600	3 000

该建筑公司账务处理如下：

①20×5 年账务处理：

实际发生成本：

借：工程施工——合同成本　　30 000 000

　　贷：原材料、应付职工薪酬、机械使用费　30 000 000

结算合同价款：

借：应收账款　　35 000 000

　　贷：工程结算　　35 000 000

实际收到合同款：

借：银行存款　　28 000 000

　　贷：应收账款　　28 000 000

20×5 年完工进度 = 3 000 ÷ 9 000 × 100% = 33%

20×5 年确认合同收入 = 9 800 × 33% = 3 234（万元）

20×5 年确认合同费用 = 9 000 × 33% = 2 970（万元）

20×5 年确认合同毛利 = 3 234 − 2 970 = 264（万元）

借：主营业务成本　　29 700 000

　　工程施工——合同毛利　　2 640 000

　　贷：主营业务收入　　32 340 000

②20×6 年账务处理：

实际发生成本：

借：工程施工——合同成本　　40 000 000

　　贷：原材料、应付职工薪酬、机械使用费　　40 000 000

结算合同价款：

借：应收账款　　40 000 000

　　贷：工程结算　　40 000 000

实际收到合同款：

借：银行存款　　36 000 000

　　贷：应收账款　　36 000 000

20×6 年完工进度 = 4 000 ÷ 9 000 × 100% = 44%

20×6 年确认合同收入 = 9 800 × 44% = 4 312（万元）

20×6 年确认合同费用 = 9 000 × 44% = 3 960（万元）

20×6 年确认合同毛利 = 4 312 − 3 960 = 352（万元）

借：主营业务成本　　39 600 000

　　工程施工——合同毛利　　3 520 000

　　贷：主营业务收入　　43 120 000

③20×7 年账务处理：

实际发生成本：

借：工程施工——合同成本　　20 000 000

　　贷：原材料、应付职工薪酬、机械使用费　　20 000 000

结算合同价款：

借：应收账款　　23 000 000

　　贷：工程结算　　23 000 000

实际收到合同款：

借：银行存款　　30 000 000

　　贷：应收账款　　30 000 000

20×7 年完工进度 =2 000 ÷9 000 ×100% =23%

20×7 年确认合同收入 =9 800 ×23% =2 254（万元）

20×7 年确认合同费用 =9 000 ×23% =2 070（万元）

20×7 年确认合同毛利 =2 254 -2 070 =184（万元）

借：主营业务成本　　20 700 000

　　工程施工——合同毛利　　1 840 000

　　贷：主营业务收入　　22 540 000

工程完工，交付使用：

借：工程结算　　98 000 000

　　贷：工程施工——合同成本　　90 000 000

　　　　　　　　——合同毛利　　8 000 000

（三）结果不能可靠估计的建造合同

建造合同结果不能可靠估计的，不能采用完工百分比法确认收入，要区分以下情况处理：

1. 合同成本能够收回的，合同收入根据能够收回的实际合同成本予以确认，合同成本在其发生的当期确认为合同费用。

2. 合同成本不可能收回的，要在发生当期确认为合同费用，不确认合同收入。

第九节　借款费用

借款费用，是指企业因借款而发生的利息及其他相关成本。借款费用包括借款利息、折价或者溢价的摊销、辅助费用以及因外币借款而发生的汇兑差额等。

企业发生的借款费用，可直接归属于符合资本化条件的资产的购建或者生产的，应当予以资本化，计入相关资产成本；其他借款费用，应当在发生时根据其发生额确认为费用，计入当期损益。

借款包括专门借款和一般借款，专门借款是指为购建或生产符合资本化条件的资产而专门借入的款项。符合资本化条件的资产，是指需要经过相当长时间（一年以上）的购建或者生产活动才能达到预定可使用或者可销售状态的固定资产、投资性房地产、无形资产和存货等资产。存货指房地产开发企业开发的用于对外销售的房地产开发产品，在勘察设计行业主要指建造或购置大型固定资产、开发用于出售或出租的房地产、自行开发或购置的软件等。一般借款指除专门借款之外的借款。

一、借款费用资本化的确认

借款费用同时满足下列条件时，才能开始资本化：

1. 资产支出已经发生。资产支出包括为购建或者生产符合资本化条件的资产而以支付现金、转移非现金资产或者承担带息债务形式发生的支出。

2. 借款费用已经发生。企业已经发生了因购建或者生产符合资本化条件的资产而专门借入款项的借款费用或者所占用的一般借款费用。

3. 为使资产达到预定可使用或者可销售状态所必要的购建或者生产活动已经开始，即符合资本化条件的资产的实体建造或者生产工作已经开始。

符合资本化条件的资产在购建或者生产过程中发生非正常中断

且中断时间超过3个月的，要停止借款费用的资本化。购建或者生产符合资本化条件的资产达到预定可使用状态或者可销售状态时，借款费用停止资本化。

二、借款费用资本化的计量

（一）借款利息资本化金额的确定

在资本化期间内，每一会计期间的利息（包括折价或溢价的摊销）资本化金额，应当按照下列规定确定：

1. 为购建或者生产符合资本化条件的资产而借入专门借款的，应当以专门借款当期实际发生的利息费用，减去将尚未动用的借款资金存入银行取得的利息收入或进行暂时性投资取得的投资收益后的金额确定。

2. 为购建或者生产符合资本化条件的资产而占用了一般借款的，要根据累计资产支出超过专门借款部分的资产支出加权平均数乘以所占用一般借款的资本化率，计算确定一般借款应予资本化的利息金额。资本化率应当根据一般借款加权平均利率计算确定。

3. 在资本化期间内，每一会计期间的利息资本化金额不应当超过当期相关借款实际发生的利息金额。

【例3-23】某房地产开发企业在近郊取得一块土地的开发权，拟建写字楼、住宅及配套建筑。一期将首先建一栋写字楼，该写字楼于20×6年1月1日正式动工，预算总造价为9 800万元，工期预计2年，工程采用出包方式，分别于20×6年1月1日、20×6年7月1日、20×7年1月1日、20×7年7月1日等额支付工程进度款。为建写字楼，该房地产开发企业于20×6年1月1日向银行专门贷款5 000万元，年利率6%，借款期限为3年；20×7年7月1日向银行专门贷款5 000万元，年利率6%，借款期限为3年；贷款利息按年支付。工程剩余资金用于日常生产经营。该企业为建造写字楼的支出金额如表3-5所示。

写字楼于2007年12月31日竣工，并达到预定可使用状态。

表 3－5　　　　　　　　　　　　　　　　　　　单位：万元

日　　期	每期支付工程进度款金额	累计支付工程进度款金额	闲置贷款资金用于日常经营金额
20×6 年 1 月 1 日	2 450	2 450	2 550
20×6 年 7 月 1 日	2 450	4 900	100
20×7 年 1 月 1 日	2 450	7 350	2 550
20×7 年 7 月 1 日	2 450	9 800	100
总　　计	9 800	—	200

贷款资本化利息期间为 20×6 年 1 月 1 日至 20×7 年 12 月 31 日。

20×6 年贷款利息 =5 000×6% =300（万元）

20×7 年贷款利息 =5 000×6% ×2 =600（万元）

20×6 年用于日常经营贷款利息 =100×6% =6（万元）

20×7 年用于日常经营贷款利息 =200×6% =12（万元）

该房地产开发企业账务处理如下：

①20×6 年 12 月 31 日

借：在建工程——建筑工程　　　　2 940 000

　　财务费用　　　　　　　　　　　60 000

　　贷：应付利息　　　　　　　　　　3 000 000

②20×7 年 12 月 31 日

借：在建工程——建筑工程　　　　5 880 000

　　财务费用　　　　　　　　　　120 000

　　贷：应付利息　　　　　　　　　　6 000 000

（二）外币专门借款汇兑差额资本化金额的确定

在资本化期间内，外币专门借款本金及利息的汇兑差额，应当予以资本化，计入符合资本化条件的资产的成本。外币专门借款之外的其他外币借款产生的汇兑差额，作为财务费用，计入当期损益。

【例3-24】某建筑公司于20×6年1月1日，为建造某工程专门向银行贷款1 000万美元，年利率8%，期限为3年，假设不考虑辅助费用，合同约定每年1月1日支付上年利息，到期还本。

工程于20×6年1月1日开工，20×7年6月30日完工，达到预定可使用状态，工程进度款分别于以下日期支付：20×6年1月1日，支出300万美元；20×6年7月1日，支出500万美元；20×7年1月1日，支出200万美元。相关汇率如下：20×6年1月1日，市场汇率为1美元=7.20元人民币；20×6年12月31日，市场汇率为1美元=7.15元人民币；20×7年1月1日，市场汇率为1美元=7.13元人民币；20×7年6月30日，市场汇率为1美元=7.10元人民币。

该建筑公司账务处理如下：

①20×6年的汇兑差额资本化金额。

贷款利息=1 000×8%×7.15=572（万元）

外币本金及利息汇兑差额=1 000×（7.15-7.2）+80×（7.15-7.2）=-50-4=-54（万元）

借：在建工程——建筑工程	5 720 000	
贷：应付利息		5 720 000
借：长期借款	540 000	
贷：在建工程——建筑工程		540 000

②20×7年1月1日支付80万美元利息时，折合人民币570.40万元，差额1.6万元，应冲减在建工程。

借：应付利息	5 720 000	
贷：在建工程		16 000
银行存款		5 704 000

③20×7年6月30日的汇兑差额资本化金额。

应付利息=1 000×8%÷2×7.1=284（万元）

外币本金及利息汇兑差额=1 000×（7.10-7.15）+40×（7.10-7.15）=-50-2=-52（万元）

借：在建工程——建筑工程　　　　2 840 000

　　贷：应付利息　　　　2 840 000

借：长期借款　　　　520 000

　　贷：在建工程——建筑工程　　　　520 000

（三）借款辅助费用资本化金额的确定

专门借款发生的辅助费用（如手续费、佣金等），在所购建或者生产的符合资本化条件的资产达到预定可使用或者可销售状态之前发生的，应当在发生时根据其发生额予以资本化，计入符合资本化条件的资产的成本；在所购建或者生产的符合资本化条件的资产达到预定可使用或者可销售状态之后发生的，应当在发生时根据其发生额确认为费用，计入当期损益。

一般借款发生的辅助费用，应当在发生时根据其发生额确认为费用，计入当期损益。

（四）借款费用暂停资本化的时间

符合资本化条件的资产在购建或者生产过程中发生非正常中断，且中断时间连续超过 3 个月的，应当暂停借款费用的资本化。在中断期间发生的借款费用应当确认为费用，计入当期损益，直至资产的购建或者生产活动重新开始。如果中断是所购建或者生产的符合资本化条件的资产达到预定可使用或者可销售状态必要的程序，借款费用的资本化应当继续进行。

（五）借款费用停止资本化的时点

购建或者生产符合资本化条件的资产达到预定可使用或者可销售状态时，借款费用应当停止资本化。在符合资本化条件的资产达到预定可使用或者可销售状态之后所发生的借款费用，应当在发生时根据其发生额确认为费用，计入当期损益。

购建或者生产符合资本化条件的资产达到预定可使用或者可销售状态，可从下列几个方面进行判断：

1. 符合资本化条件的资产的实体建造（包括安装）或者生产工作已经全部完成或者实质上已经完成。

2. 所购建或者生产的符合资本化条件的资产与设计要求、合同规定或者生产要求相符或者基本相符，即使有极个别与设计、合同或者生产要求不相符的地方，也不影响其正常使用或者销售。

3. 继续发生在所购建或生产的符合资本化条件的资产上的支出金额很少或者几乎不再发生。

4. 购建或者生产符合资本化条件的资产需要试生产或者试运行的，在试生产结果表明资产能够正常生产出合格产品，或者试运行结果表明资产能够正常运转或者营业时，应当认为该资产已经达到预定可使用或者可销售状态。

5. 购建或者生产的符合资本化条件的资产的各部分分别完工，且每部分在其他部分继续建造过程中可供使用或者可对外销售，且为使该部分资产达到预定可使用或可销售状态所必要的购建或者生产活动实质上已经完成的，应当停止与该部分资产相关的借款费用的资本化。购建或者生产的资产的各部分分别完工，但必须等到整体完工后才可使用或者可对外销售的，应当在该资产整体完工时停止借款费用的资本化。

第十节　企业合并

企业合并是指两个或两个以上单独的企业合并形成一个报告主体的交易或事项。

一、同一控制下的企业合并

同一控制下的企业合并，是指参与合并的企业在合并前后均受同一方或相同的多方最终控制且控制并非暂时性。一般是指同一企业集团内部企业之间的合并。

同一控制下的企业合并在处理时需要确定合并日、企业合并成本、合并中取得的资产、负债的入账价值和合并价差。

合并日为合并方实际取得对被合并方控制权的日期。

（一）同一控制下的控股合并

同一控制下的控股合并，合并方要以合并日应享有的被合并方账面所有者权益的份额作为长期股权投资的初始成本，借记“长期股权投资”科目，按照享有被投资单位已宣告但尚未发放的现金股利或利润，借记“应收股利”科目，按照支付的合并对价的账面价值，贷记有关资产或借记有关负债科目，不产生新的资产和负债。合并方在合并中以支付现金、非现金资产方式进行的，该初始投资成本与支付的现金、非现金资产的差额，相应调整资本公积（资本溢价或股本溢价），资本公积（资本溢价或股本溢价）的余额不足冲减的，相应调整盈余公积和未分配利润。取得的净资产的入账价值相对于为进行企业合并支付的对价账面价值之间的差额，不作为资产的处置收益，不影响企业合并当期的利润表，有关差额调整所有者权益相关科目。

企业合并形成母子公司关系的，母公司应当编制合并日的合并资产负债表、合并利润表和合并现金流量表。

【例3－25】某房地产公司和某监理公司同为某设计企业所属的控股企业。房地产公司于20×7年1月1日自母公司处取得监理公司100%的股权，合并后监理公司仍作为独立法人继续经营。为进行合并，房地产公司以支付现金50万元和一栋办公楼的产权作为对价。该办公楼账面原值200万元，已计提折旧140万元。房地产公司和监理公司的所有者权益构成如表3－6所示。

表3－6 单位：万元

房地产公司		监理公司	
项　目	金　额	项　目	金　额
股本	5 400	股本	100
资本公积	0	资本公积	0

续表

房地产公司		监理公司	
项目	金额	项目	金额
盈余公积	243	盈余公积	21.10
未分配利润	2 608	未分配利润	10.70
合计	8 251	合计	131.80

房地产公司账务处理：

①以办公楼的产权作为投资。

借：固定资产清理　　600 000

　　累计折旧　　1 400 000

　　贷：固定资产　　2 000 000

②合并日确认长期股权投资。

借：长期股权投资——投资成本　　1 318 000

　　贷：银行存款　　500 000

　　　　固定资产清理　　600 000

　　　　资本公积　　218 000

（二）同一控制下的吸收合并

合并方对同一控制下吸收合并中取得的资产、负债按照相关资产、负债在被合并方的原账面价值入账。

合并方在确认了合并中取得的被合并方的资产和负债后，以支付现金、非现金资产方式进行的合并，所确认的净资产的入账价值与支付的现金、非现金资产账面价值的差额，调整资本公积（资本溢价或股本溢价），资本公积的余额不足冲减的，冲减盈余公积和未分配利润。

【例3-26】 沿用【例3-25】，某房地产公司和某监理公司同为某设计企业所属的控股企业。房地产公司于20×7年1月1日以支付现金50万元和一栋办公楼的产权作为对价，吸收合并监理公司。合并后监理公司注销独立法人资格。合并日房地产公司和监理公司的资产、负债情况如表3-7所示。

表 3－7　　单位：万元

项　　目	房地产公司		监理公司	
	账面价值		账面价值	公允价值
资产：				
货币资金	933		207	207
存货	1.80		8.40	9.80
应收账款			94.80	94.80
其他应收款	161		15.80	15.80
长期股权投资	38.50			
固定资产：				
固定资产原值	11 066		104	101.40
累计折旧	2 402		38.20	
固定资产净值	8 664		65.80	
无形资产				
商誉				
递延所得税资产	46.70			
资产总计	**9 845**		**391.80**	**428.80**
负债和所有者权益：				
短期借款				
应付账款				
其他负债	1 484		260	260
负债合计	**1 484**		**260**	**260**
实收资本	5 461		100	
资本公积	1.30			
盈余公积	242.70		21.1	
未分配利润	2 656		10.7	
所有者权益合计	**8 361**		**131.8**	**168.80**
负债和所有者权益总计	**9 845**		**391.8**	**428.80**

房地产公司账务处理如下：

借：货币资金　　2 070 000
　　原材料　　84 000
　　应收账款　　948 000
　　其他应收款　　158 000
　　固定资产　　658 000
　贷：银行存款　　500 000
　　　固定资产清理　　600 000
　　　其他应付款（其他负债）　　2 600 000
　　　资本公积　　218 000

（三）合并方为进行企业合并发生相关费用的处理

合并方为进行企业合并发生的相关费用，指合并方为进行企业合并发生的各项直接相关费用，包括为进行企业合并支付的审计费、资产评估费，以及有关法律咨询费等增量费用，在发生时记入"管理费用"等科目，贷记"银行存款"等科目。

二、非同一控制下的企业合并

（一）非同一控制下企业合并的处理原则

非同一控制下的企业合并要确定购买方、购买日、合并成本以及合并中取得的资产、负债的入账价值。

1. 确定购买方

购买方是指在企业合并中取得对另一方或多方控制权的一方。即取得另一方半数以上表决权股份；或即使没有取得另一方半数以上表决权股份，但通过与其他投资者签订协议，实质上拥有被投资企业半数以上表决权；按照法律或协议规定，具有被购买企业财务和经营决策的权力；有权任免被购买企业董事会或类似权力机构绝大多数成员；在被购买企业或类似权力机构中具有绝大多数投票权的也可确定为购买方。

2. 确定购买日

购买日是指购买方实际取得对被购买方控制权的日期，即企业合并交易进行过程中，发生控制权转移的日期。一般应满足以下条件：

（1）企业合并合同或协议已获董事会等内部权力机构通过；

（2）按照规定，合并事项需要经过市国资委等国家有关主管部门审批的，已获得相关部门的批准；

（3）参与合并各方已办理了必要的财产权交接手续；

（4）购买方已支付了购买价款的大部分（超过50%），并且有能力支付剩余价款；

（5）购买方实际上已经控制了被购买方的财务和经营政策，并享有相应的收益和风险。

企业合并涉及一次以上交换交易的，企业应于每一交易日确认对被投资企业的各单项投资。交易日是指合并方或购买方在自身的账簿和报表中确认对被投资单位投资的日期。

【例3－27】 沿用【例3－25】，房地产公司20×7年1月1日取得监理公司30%的股权，与取得股权相关的风险和报酬已转移，房地产公司确认对监理公司的长期股权投资。20×8年1月1日又取得监理公司70%的股权，股权比例达到100%，并于当日开始对监理公司实施控制，20×8年1月1日为第二次购买的交易日，同时形成企业合并的购买日。

3. 确定合并成本

企业合并成本包括购买方为进行企业合并支付的现金或非现金资产、发行或承担债务、发行的权益性证券等在购买日的公允价值以及企业合并中发生的各项直接相关费用之和。具体包括：

（1）作为合并对价的现金及非现金资产的公允价值；

（2）发行的权益性证券的公允价值；

（3）因企业合并发生或承担的债务的公允价值；

（4）合并中发生的各项直接相关费用，如审计费、法律服务费、咨询费等。

4. 合并成本在可辨认资产和负债间的分配

（1）可辨认资产、负债的确认原则。①购买方在企业合并中取得的被购买方各项可辨认资产和负债，作为本企业的资产和负债加以确认。②企业合并中取得的无形资产在其公允价值能够可靠计量的情况下予以单独确认。③购买方在企业合并时需要代被购买方承担的或有负债，在其公允价值能够可靠计量的情况下予以单独确认。

（2）可辨认资产、负债的计量。企业合并中取得的资产、负债在满足确认条件后，按照公允价值计量。可辨认资产、负债的公允价值确认后，其计税基础与账面价值的暂时性差异，按照所得税会计准则确认相应的递延所得税资产或递延所得税负债。

5. 企业合并成本与合并中取得的被购买方可辨认净资产公允价值份额之间的差额，分别以下情况处理：

（1）企业合并成本大于取得的被购买方可辨认净资产公允价值份额的差额，确认为“商誉”。

（2）企业合并成本小于取得的被购买方可辨认净资产公允价值份额的部分，计入合并当期的“营业外收入”。

6. 非同一控制下的控股合并中，购买方要于购买日编制合并资产负债表，反映其于购买日开始能够控制的经济资源状况

合并资产负债表中，合并取得的被购买方的各项可辨认资产、负债以其在购买日的公允价值计量，长期股权投资的成本大于合并中取得的被购买方可辨认净资产公允价值的差额为商誉；长期股权投资的成本小于合并中取得的被购买方可辨认净资产公允价值的差额计入当期损益（“营业外收入”）。

（二）非同一控制下企业合并的会计处理

1. 非同一控制下控股合并的会计处理

非同一控制下，购买方取得对被购买方控制权的，在购买日以合并成本作为初始投资成本，借记“长期股权投资”科目，按应享有被投资单位已宣告但尚未发放的现金股利或利润，借记“应收股利”科目，按支付的合并对价的账面价值，贷记有关资产或借记有关负债科目，按发生的直接相关费用，贷记“银行存款”等科目，按期差额，贷记“营业外收入”或借记“营业外支出”科目。购买方以支付非货币性资产为对价的，有关非货币性资产在购买日的公允价值与账面价值间的差额，作为资产处置损益，计入合并当期的利润表。其中，以库存商品作为对价的，按库存商品的公允价值，贷记“营业外收入”，并同时结转相关成本。

【例3－28】沿用【例3－26】，房地产公司仍以一栋办公楼的产权以及80万元现金作为对价，取得监理公司60%的股权，实现控股合并。

房地产公司账务处理如下：

借：长期股权投资	1 400 000	
贷：银行存款		800 000
固定资产清理		600 000

计算确认合并商誉：

合并商誉＝1 400 000－1 688 000×60%＝387 200（元）

房地产公司合并日的合并报表抵消分录如下：

借：存货	14 000	
固定资产	－26 000	
贷：资本公积		－12 000
借：实收资本	1 000 000	
盈余公积	211 000	
未分配利润	107 000	
商誉	387 200	

贷：长期股权投资　　1 400 000
　　少数股东权益　　305 200

表 3 - 8　　合并资产负债表（简表）

20×7 年 1 月 1 日

单位：万元

项　目	房地产公司	监理公司	抵消分录		合并金额
			借方	贷方	
资产：					
货币资金	853	207			1 060
存货	1.80	8.40	1.40		11.60
其他应收款	161	110.60			271.6
长期股权投资	178.50			140	38.50
固定资产	8 604	65.80	-2.60		8 667.20
递延所得税资产	46.70				46.70
商誉			38.72		38.72
资产合计	9 845	391.80			10 134.32
负债和所有者权益：					
其他负债	1 484	260			1 744
负债合计	1 484	260			1 744
实收资本	5 461	100	100		5 461
资本公积	1.30			-1.20	0.10
盈余公积	242.70	21.10	21.10		242.70
未分配利润	2 656	10.70	10.70		2 656
少数股东权益				30.52	30.52
所有者权益合计	8 361	131.80			8 390.32
负债和所有者权益总计	9 845	391.80			10 134.32

2. 非同一控制下吸收合并的会计处理

非同一控制下的吸收合并，购买方在购买日将合并中取得的符合确认条件的各项资产、负债，按照其公允价值确认为本企业的资产和负债；作为合并对价的有关非货币资产在购买日的公允价值与其账面价值的差额，作为资产的处置损益计入合并利润表；确定的企业合并成本与所取得的被购买方可辨认净资产公允价值的差额，视情况分别确认为商誉或作为企业合并当期的损益计入利润表。

（三）通过多次交易分步实现的非同一控制下企业合并

通过多次交换交易分步实现的非同一控制下的企业合并，每一单项交易发生时，应确认对被投资方的投资，按以下顺序进行处理：

1. 对长期股权投资的账面余额进行调整。采用成本法核算的不需调整；采用权益法核算的要将账面价值调整至取得长期股权投资时的初始投资成本，相应调整留存收益。

2. 比较每一单项交易的成本与交易时应享有的被投资单位可辨认净资产公允价值的份额，确定每一单项交易应予确认的商誉或是应计入当期损益的金额。

3. 对于被投资方在购买日与交易日之间可辨认净资产公允价值的变动，相对于原持股比例的部分，在合并财务报表（吸收合并指购买方个别财务报表）中应调整所有者权益相关项目，其中属于原取得投资后被投资单位实现净损益增加的资产价值，调整留存收益，差额调整“资本公积”。

（四）购买子公司少数股权的处理

购买子公司少数股权，母公司个别财务报表中对于自子公司少数股东处新取得的长期股权投资，应按照《企业会计准则第2号——长期股权投资》第四条规定确定其入账价值。子公司的资产、负债以购买日（或合并日）开始持续计算的金额反映。新增加的长期股权投资与按照新增持股比例计算应享有交易日被投资单位可辨认净资产公允价值份额之间的差额，确认为商誉；因购买少数股权新增加的长期股权投资成本与按照新取得的股权比例计算确定应享有子公司自购买日（或合并日）开始持续计算的可辨认净资产份额之间的差额，除确认为商誉的部分以外，要调整合并财务报表中的资本公积（资本溢价或股本溢价），资本公积（资本溢价或股本溢价）的余额不足调整的，调整留存收益。

（五）被购买方的会计处理

非同一控制下的企业合并，购买方通过企业合并取得被购买方100%股权的，被购买方可以按照合并中确定的可辨认资产、负债的公允价值调整账面余额；其他情况下，被购买方不调整资产、负债的账面余额。

第十一节 外币折算

根据《中华人民共和国会计法》的规定，选用人民币为记账本位币，人民币以外的其他货币均为外币，以外币计算或者结算的交易为外币交易，以外币反映的财务报表称为外币财务报表，将外币交易和外币财务报表折算为人民币反映的过程即为外币折算。外币交易包括：买入或者卖出以外币计价的商品或者劳务；借入或者借出外币资金；其他以外币计价或者结算的交易。

买入或者卖出以外币计价的商品或者劳务，是指以外币买卖商品或者以外币结算的劳务合同。

借入或者借出外币资金，是指企业向银行或者非银行金融机构借入外币资金，以及发行以外币计价或结算的债券。

其他以外币计价或者结算的交易，是指以外币计价或者结算的其他交易。

一、外币交易的确认和会计处理

外币交易采用统账制记账方法，外币交易的初始确认，采用交易发生日的即期汇率将外币金额折算为记账本位币。

（一）初始确认

企业发生外币交易的，要在初始确认时采用交易日的即期汇率或即期汇率的近似汇率将外币折算为记账本位币金额。即期汇率可以是外汇牌价的买入价或卖出价，也可以是中间价。

【例3-29】 甲设计企业与一家新加坡企业商定，各投资59万美元，在北京成立乙设计公司。乙设计公司为中外合资企业，记账本位币为人民币，外币折算采用即期汇率。甲设计企业为中方企业，按投资日的即期汇率直接折算为人民币进行投资。20×7年3月1日，甲设计企业投资59万美元，新加坡企业投资30万美元，当日汇率为1美元=7.2元人民币；20×7年3月20日，新加坡企业投资29万美元，当日汇率为1美元=7.1元人民币。

乙设计公司的账务处理如下：

①20×7年3月1日，甲设计企业直接投资人民币4 248 000元［按当日即期汇率折算：4 248 000÷7.2=590 000（美元）］，新加坡企业投资30万美元，当日汇率为1美元=7.2元人民币。

新加坡企业投资折合人民币：300 000×7.2=2 160 000（元）

借：银行存款　　6 408 000

　　贷：股本——甲设计企业　　4 248 000

　　　　——新加坡公司　　2 160 000

②20×7年3月20日，新加坡企业投资29万美元，当日汇率为1美元=7.1元人民币。

新加坡企业投资折合人民币：290 000×7.1=2 059 000（元）

借：银行存款　　2 059 000

　　贷：股本——新加坡公司　　2 059 000

（二）期末调整和结算

在资产负债表日，按照下列规定对外币货币性项目和外币非货币性项目进行处理：

1. 货币性项目的处理

货币性项目是指企业持有的货币或以固定或可确定金额的货币

收取的资产或偿付的负债。货币性资产包括：现金、银行存款、应收账款以及持有至到期的债券投资；货币性负债包括：应付账款、其他应付款、短期借款、长期应付款等。

货币性项目在资产负债表日或结算日，因汇率波动产生的汇兑差额作为“财务费用”，计入当期损益，同时调增或调减外币货币性项目的记账本位币金额。汇兑差额是指同样数量的外币金额采用不同的汇率折算为记账本位币金额所产生的差额。

【例3－30】 北京某施工企业记账本位币为人民币，外币折算采用即期汇率。20×8年7月6日，该企业订购法国某公司建筑材料，货款为3万美元。按供货方规定，需要先预付50%的货款，货到结清余款。订货当日，该企业汇出1.5万美元货款，汇率为1美元=7.1元人民币。7月31日，货到并验收入库，支付关税21 000元，余款尚未支付。当日汇率为1美元=7.2元人民币。

该设计企业的账务处理如下：

①20×8年7月6日，该设计企业预付货款15 000美元，折合人民币为106 500元（15 000×7.1）。

借：预付账款——法国×公司　　106 500

　　贷：银行存款　　106 500

②20×8年7月31日，货到并验收入库，尚未支付剩余款项。当日汇率为1美元=7.2元人民币。

借：库存材料　　235 500

　　贷：预付账款　　106 500

　　　　银行存款　　21 000

　　　　应付账款　　108 000

③20×8年12月31日，因需要补充进货，因此上述货款暂不支付，待补充进货量确定后一并支付。当日即期汇率为1美元=7元人民币。

借：应付账款　　3 000

　　贷：财务费用　　3 000

2. 非货币性项目的处理

非货币性项目，是指货币性项目以外的项目。如：存货、长期股权投资、固定资产、无形资产等。以历史成本计量的非货币性项目，已在交易发生日按即期汇率折算的，资产负债表日不改变人民币金额，不产生汇兑差异，只在计提资产价值准备时，考虑汇兑变动的影响。

【例3-31】 20×9年5月13日，北京某设计企业图书馆在网上订购美国某专业出版社出版的建筑专业图书20册，供职工借阅。该书每册单价30美元，共计600美元，当日付款，当日汇率为1美元=6.9元人民币，10日后书到并验收入库。12月31日，该书的网上价格为28美元/册，当日汇率为1美元=7元人民币。该设计企业的记账本位币为人民币，外币折算采用即期汇率。

该设计企业的账务处理如下：

①该设计企业在订购当日支付600美元，当日汇率为1美元=6.9元人民币。

借：低值易耗品——馆藏图书　　　　4 140

　　贷：银行存款　　　　4 140

②12月31日，该书的网上价格为28美元/册，当日汇率为1美元=7元人民币。

借：资产减值损失　　　　220

　　贷：存货跌价准备　　　　220

*注：(30×20×6.9－28×20×7=220)

（三）货币对换的折算

企业发生的外币兑换或者涉及外币交换的交易事项，要以交易时实际采用的汇率，即银行的买入价或者卖出价折算。由于汇兑变动产生的折算差额，计入当期损益。

【例3-32】 某设计企业于20×7年11月28日从中国银行购入10 000美元，该企业以中国人民银行公布的人民币中间价作为即期汇率，当日即期汇率为1美元=7.7元人民币，中国银行当日美元卖出价为1美元＝7.65元人民币。

该设计企业当日的账务处理如下：

借：银行存款（美元账户）　　77 000

　贷：银行存款（人民币账户）　　76 500

　　财务费用——汇兑差额　　500

二、外币财务报表的折算

企业对境外经营的财务报表进行折算前，应先调整境外经营的会计期间和会计政策，使之与企业的会计期间和会计政策相一致，再遵循下列规定进行报表折算：

1. 资产负债表中的资产和负债项目，采用资产负债表日的即期汇率折算，所有者权益项目除“未分配利润”项目外，其他项目采用发生时的即期汇率折算。

2. 利润表中的收入和费用项目，采用交易发生日的即期汇率折算；也可以按照系统合理的方法确定的、与交易发生日即期汇率近似的汇率折算。

按照上述规定折算产生的外币财务报表折算差额，在合并资产负债表中的所有者权益项目下作为“外币报表折算差额”单独列示。

企业在处置境外经营的财务报表时，应当将资产负债表中所有者权益项目下列示的、与该境外经营相关的外币财务报表折算差额，自所有者权益项目转入处置当期损益；部分处置境外经营的，应当按处置的比例计算处置部分的外币财务报表折算差额，转入处置当期损益。

第十二节　租　赁

一、主要概念

1. 租赁。租赁是指在约定期内，出租人将资产使用权让与承租人，以获取租金的协议。

2. 租赁期。租赁期是指租赁协议规定的不可撤销的租赁期间。

3. 租赁开始日。租赁开始日是指租赁协议日与租赁各方就主要条款作出承诺日中的较早者。

4. 租赁期开始日。租赁期开始日是指承租人有权行使其使用租赁资产权力的日期，表明租赁行为的开始。

5. 担保余值。担保余值就承租人而言，是指由承租人或与其有关的第三方担保的资产余值；就出租人而言，是指就承租人而言担保余值加上与承租人和出租人均无关、但在财务上有能力担保的第三方（如担保公司）担保的资产余值。资产余值是指在租赁开始日估计的、租赁期届满时租赁资产的公允价值。

6. 未担保余值。未担保余值是指租赁资产余值中扣除就出租人而言的担保余值以后的资产余值。

7. 最低租赁付款额。最低租赁付款额是指在租赁期内，承租人应支付或可能被要求支付的款项（不包括或有租金和履约成本），加上由承租人或与其有关的第三方承担的担保余值。

8. 最低租赁收款额。最低租赁收款额是指最低租赁付款额加上独立于承租人和出租人的第三方对出租人担保的资产余值。

二、租赁的分类

租赁分为融资租赁和经营租赁。承租人和出租人要在租赁开始日将租赁分为融资租赁和经营租赁。

三、融资租赁及会计处理

（一）融资租赁的确认

符合下列一项或数项标准的，认定为融资租赁：

1. 在租赁期届满时，租赁资产的所有权转移给承租人。

2. 承租人有购买租赁资产的选择权，所订立的购买价款预计将远低于行使选择权时租赁资产的公允价值，因而在租赁开始日就可以合理地确定承租人将会行使这种选择权。

3. 即使资产的所有权不转移，但租赁期占租赁资产使用寿命的大部分。“大部分”掌握在租赁期占租赁开始日租赁资产使用寿命的75%以上（含75%）。

4. 承租人在租赁开始日的最低租赁付款额的现值几乎相当于租赁开始日租赁资产的公允价值；出租人在租赁开始日的最低租赁收款额现值几乎相当于租赁开始日租赁资产的公允价值。“几乎相当于”掌握在90%以上。

5. 租赁资产性质特殊，如果不作较大改造，只有承租人才能使用。

（二）融资租赁的会计处理

1. 承租人的会计处理

（1）租赁期开始日。在租赁期开始日，承租人应当将租赁开始日租赁资产的公允价值与最低租赁付款额的现值这两者中较低者作为租入资产的入账价值，将最低租赁付款额作为“长期应付款”的入账价值，其差额作为未确认“融资费用”。

承租人在计算最低租赁付款现值时，采用租赁合同规定的折现率；合同没有规定折现率的，采用银行同期贷款利率。

【例3-33】20×4年1月1日，甲晒图企业与上海某设备公司签订一份设备租赁合同，合同部分条款如下：

①租赁标的物：晒图机；

②起租日：20×4年1月1日；

③租赁期：20×4 年 1 月 1 日～20×8 年 12 月 31 日，共 60 个月；

④租金支付：自 20×4 年 1 月 1 日起，每隔 6 个月于月末支付 5 万元；

⑤该设备的保险、维护费用由晒图公司承担，估计每年约为 1 万元；

⑥该设备 20×3 年 12 月 31 日的公允价值为 35 万元；

⑦合同约定利率为 6%（6 个月利率）；

⑧该设备预计使用 8 年，已使用 3 年，期满无残值；

⑨租赁期满时，晒图公司享有优惠购买该设备的选择权，购买价为 200 元，估计该日此设备的公允价值为 5 万元。

晒图公司的账务处理如下：

最低租赁付款额＝50 000×10＋200＝500 200（元）

每期租金 5 万元的年金现值＝50 000×（P/A，6%，10）＝7.36

优惠购买选择权的购买价 200 元的复利现值＝200×（P/F，6%，10）＝0.558

现值合计＝50 000×7.36＋200×0.558

＝368 000＋111.60＝368 111.60（元）＞350 000（元）

该晒图设备的入账价值为 350 000 元；

未确认的融资费用＝500 200－350 000＝150 200（元）。

20×4 年 1 月 1 日的账务处理如下：

借：固定资产	350 000	
未确认的融资费用	150 200	
贷：长期应付款		500 200

（2）分摊未确认的融资费用。分摊未确认的融资费用时，承租人采用实际利率法。未确认的融资费用的分摊以合同规定的折现率作为分摊率；合同没有规定折现率的，以银行同期贷款利率作为分摊率。存在优惠购买选择权的，在租赁期届满时，未确认的融资费

用全部摊销完毕，并且租赁负债要减少为优惠购买金额。

（3）融资租入资产的折旧。融资租入资产，承租人采用固定资产的折旧政策。折旧期限根据租赁合同确定，即以租赁期开始日的租赁资产的寿命为折旧期限。

（4）履约成本的处理。履约成本指租赁期内为租赁资产支付的各种使用费用，如：技术咨询费和服务费、人员培训费、维修费、保险费等，承租人的履约成本计入当期损益。

承租人在租赁谈判和签订租赁合同过程中发生的费用，可归属于租赁项目的手续费、律师费、差旅费、印花税等初始直接费用，应当计入租入资产价值。

2. 出租人的会计处理

（1）在租赁期开始日，将应收融资租赁款、未担保余值之和与其现值的差额确认为未实现融资收益，在将来收到租金的各期内确认为租赁收入。出租人发生的初始直接费用，应包括在应收融资租赁期的初始计量中，并减少租赁期内确认的收益金额。

（2）未实现融资收益应在租赁期内的各个期间进行分配，确认为各期的租赁收入。分配时，采用实际利率法计算当期应当确认的租赁收入。

（3）出租人在租赁期内确认各期租赁收入时，按照各期确认的收入与未实现融资收益的比例，对初始直接费用进行分摊，冲减其租赁期内确认的租赁收入。

（4）租赁期届满时，出租人应区别以下情况进行会计处理：

对资产余值全部担保的，在收回出租资产时，借记“融资租赁资产”科目，贷记“长期应收款——应收融资租赁款”科目。当收回租赁资产的价值低于担保余值，收回价值损失补偿金时，借记“银行存款”科目，贷记“营业外收入”科目。

对资产余值部分担保的，在收回出租资产时，借记“融资租赁资产”科目，贷记“长期应收款——应收融资租赁款”、“长期应收款——未担保余值”科目。当收到因租赁资产的价值低于担保余值的损失补偿金时，借记“银行存款”科目，贷记“营业外收入”科目。

对资产余值全部未担保的，在收回出租资产时，借记“融资租赁资产”科目，贷记“长期应收款——未担保余值”科目。

（三）经营租赁及会计处理

经营租赁是指除融资租赁以外的其他租赁。

1. 承租人的会计处理

对于经营租赁的租金，承租人要在租赁期内的各个期间按照直线法计入相关资产成本或当期损益。承租人确认的租金费用，采用直线法分摊各期的租金费用，借记“在建工程”、“无形资产”、“销售费用”、“管理费用”、“待摊费用”、“营业成本”等科目，贷记“银行存款”科目。承租人发生的初始直接费用，应当计入当期损益，借记“管理费用”等科目，贷记“银行存款”等科目。

【例3-34】20×6年1月1日，甲晒图企业向某设备公司租赁一台晒图设备，租期为2年，设备价值为50万元，预计使用10年。租赁合同规定，租赁开始日为20×6年1月1日，当日预付租金5万元。20×6年年末支付10万元，20×7年年末支付5万元，2年租金共计20万元。租赁期满，设备公司收回该晒图设备。

甲晒图公司的账务处理如下：

①20×6年1月1日，预付5万元租赁款。

借：长期待摊费用　　　　50 000

　　贷：银行存款　　　　　　50 000

②20×6年12月31日，支付10万元租赁款。

借：管理费用　　　　100 000

　　贷：银行存款　　　　　　100 000

③20×7年12月31日，支付5万元租赁款。

借：管理费用　　　　100 000

　　贷：银行存款　　　　　　50 000

长期待摊费用　　　　　　　　　　　　50 000

2. 出租人的会计处理

对于经营租赁的租金，出租人应当在租赁期内的各个期间按照直线法确认为当期损益。出租人发生的初始直接费用，应当计入当期损益。

【例 3-35】 沿用【例 3-34】，假设不考虑税费，设备公司应进行以下账务处理：

①20×6 年 1 月 1 日，甲晒图公司预付 5 万元租赁款。

借：银行存款　　　　　　　　　　　　50 000

　　贷：预收账款　　　　　　　　　　　　50 000

②20×6 年 12 月 31 日，甲晒图公司支付 10 万元租赁款。

借：银行存款　　　　　　　　　　　　100 000

　　贷：其他业务收入——租赁收入　　　　100 000

③20×7 年 12 月 31 日，甲晒图公司支付 5 万元租赁款。

借：银行存款　　　　　　　　　　　　50 000

　　预收账款　　　　　　　　　　　　50 000

　　贷：其他业务收入——租赁收入　　　　100 000

第十三节　资产减值及核销

资产减值，是指资产的可收回金额低于其账面价值。当资产的可收回金额低于其账面价值时，即表明资产发生了减值，企业应确认资产减值损失，并将资产的账面价值减记至可收回金额。

一、资产减值的判断

企业应当在资产负债表日判断资产是否存在可能发生减值的迹象。因企业合并所形成的商誉和使用寿命不确定的无形资产，无论是否存在减值迹象，每年都应当进行减值测试。

存在下列迹象的，表明资产可能发生了减值：

1. 资产的市价当期大幅度下跌，其跌幅明显高于因时间的推移或者正常使用而预计的下跌；

2. 企业经营所处的经济、技术或者法律等环境以及资产所处的市场在当期或者将在近期发生重大变化，从而对企业产生不利影响；

3. 市场利率或者其他市场投资报酬率在当期已经提高，从而影响企业计算资产预计未来现金流量现值的折现率，导致资产可收回金额大幅度降低；

4. 有证据表明资产已经陈旧过时或者其实体已经损坏；

5. 资产已经或者将被闲置、终止使用或者计划提前处置；

6. 企业内部报告的证据表明资产的经济绩效已经低于或者将低于预期，如资产所创造的净现金流量或者实现的营业利润（或者亏损）远远低于（或者高于）预计金额等；

7. 其他表明资产可能已经发生减值的迹象。

二、资产减值的确认与计量

（一）存货跌价

1. 存货跌价准备的确定与计量

资产负债表日，存货按照成本与可变现净值孰低计量；存货成本低于可变现净值时，按成本计量；存货成本高于可变现净值时，成本高于可变现净值的差额，计提存货跌价准备，计入当期损益。

存货的可变现净值是指存货的估计售价减去至完工时估计将要发生的成本、估计销售费用以及相关税费后的金额，由存货的估计售价、至完工时将发生的成本、估计的销售费用和估计的相关税费等构成。存货可变现净值应区别以下情况确定：

（1）为执行合同或者劳务合同而持有的存货，以存货的合同价格作为其可变现净值的计算基础。

【例3－36】 20×7年8月，某装饰公司承揽一项装修施工任务，并签订装修合同。按合同规定，项目外墙使用花岗岩石材装修，花岗岩选用福建某石材厂生产的花岗岩，单价为600元/平方米，共购进800平方米，货款为48万元，当月货到并办理入库，工程委托方也已支付该项材料款。20×7年12月31日，装饰公司已使用石材400平方米，尚有400平方米未使用。此时，该种石材的市场价格为550元/平方米。由于购进的石材按照合同约定将继续在工程项目中使用，因此，其可变现净值仍按600元/平方米计算。

（2）企业持有存货的数量多于合同约定的数量，超出部分存货的可变现净值以该存货的一般销售价格作为其可变现净值的计算基础。

（3）企业持有存货的数量少于合同约定的数量，实际持有与合同相关的存货的可变现净值以合同规定的价格作为计算基础。

（4）没有合同约定的存货，其可变现净值以该存货的一般销售价格作为计算基础。

（5）用于销售的存货以市场价格为其可变现净值的计算基础。如果用于出售的存货有合同约定的，按合同约定的价格作为其可变现净值的计算基础。

2. 计提存货跌价准备的方法

（1）单个存货项目计提存货跌价准备。将同一型号和规格的存货作为一个存货项目，并将每个存货项目的成本与其可变现净值逐一进行比较，按较低者计量存货，将成本高于存货可变现净值的差额计提存货跌价准备。

（2）存货数量繁多、单位价值较低的存货，按照存货类别计提跌价准备。即以存货的类别成本总额与可变现净值的总额进行比较，每个存货的类别均取较低者确定存货的期末价值。

（3）存货存在以下情形之一的，表明存货的可变现净值低于成本：

①该存货的市场价值持续下跌，并且在可预见的未来无回升的希望；

②企业因产品更新换代，原有库存材料已不适应产品的需要，如：装修材料，因产品的更新换代，原有库存的装饰材料已被市场淘汰，不能再用于工程；

③存货存在下列情形之一的，表明存货的可变现净值为零：已霉烂变质；已过期且无转让价值；生产中已不需要，且无使用和转让价值；其他已足以证明无使用价值和转让价值的存货。

3. 存货跌价准备转回的处理

资产负债表日，企业要确定存货的可变现净值。以前减记存货价值的影响因素已经消失的，减记的金额应当予以恢复，并在原已计提的存货跌价准备金额内转回，转回的金额计入当期损益。

【例3-37】20×7年9月1日，某晒图公司购进1 500卷晒图纸，单价为195元/卷，总价款为29.25万元。12月31日进行存货盘点，该批晒图纸库存量为1 200卷，市场价格为180元/卷。20×8年3月1日，该批晒图纸仍有500卷库存，市场价格升至185元/卷。20×8年6月1日，该批晒图纸仍有300卷库存，市场价格升至195元/卷。

晒图公司的账务处理如下：

①20×7年9月1日，购入晒图纸。

借：原材料	292 500	
贷：银行存款		292 500

②12月31日进行存货盘点，该批晒图纸库存量为1 200卷，市场价格为180元/卷，存货减值为1.8万元。

借：资产减值损失——存货跌价准备	18 000	
贷：存货跌价准备——原材料跌价准备		18 000

③20×8年3月1日，该批晒图纸仍有500卷库存，市场价格升至185元/卷，金额为9.25万元。

借：存货跌价准备——原材料跌价准备	2 500	
贷：资产减值损失——存货跌价准备		2 500

④20×8年6月1日，该批晒图纸仍有300卷库存，市场价格

升至195元/卷。

借：存货跌价准备——原材料跌价准备　　1 500

　　贷：资产减值损失——存货跌价准备　　1 500

（二）建造合同形成资产的减值

资产负债表日，企业要对建造合同的总收入和总成本进行测算，当发现合同预计总成本超过合同总收入的，则形成预计损失，需提取损失准备，并确认为当期费用。

【例3－38】某建筑公司签订了一项金额为3 000万元的固定造价合同，最初预计总成本为2 800万元。第一年实际发生成本支出2 500万元，年末预计为完成合同尚需发生成本支出550万元，该合同的结果能够可靠估计。

第一年完工进度＝2 500÷（2 500＋550）×100%＝81.97%

第一年确认的合同收入＝3 000×81.97%＝2 459.10（万元）

第一年确认的合同费用＝3 050×81.97%＝2 500.09（万元）

第一年确认的合同毛利＝2 459.10－2 500.09＝－40.99（万元）

第一年预计的合同损失＝（3 050－3 000）×（1－81.97%）＝9.02（万元）

该建筑公司的账务处理如下：

借：主营业务成本　　24 997 800

　　贷：主营业务收入　　24 588 000

　　　　工程施工——合同毛利　　409 800

借：资产减值损失　　90 200

　　贷：存货跌价准备　　90 200

（三）递延所得税资产的减值

资产负债表日，企业要对递延所得税资产的账面价值进行复核。如果未来期间很可能无法获得足够的应纳税所得额用以利用可抵扣暂时性差异带来的经济利益时，应减记递延所得税资产的账面价值。当很可能获得足够的应纳税所得额利用可抵扣暂时性差异带来的经济利益时，使得递延所得税资产包含的经济利益能够实现的，应恢复所得税资产的账面价值。

（四）金融资产的减值

1. 金融资产减值损失的确认

企业要在资产负债表日对以公允价值计量且其变动计入当期损益的金融资产以外的金融资产的账面价值进行检查，有客观证据表明该金融资产发生减值的，应确认减值损失，计提减值准备。

金融资产发生减值的客观证据，包括下列内容：

（1）发行方或债务人发生严重财务困难；

（2）债务人违反了合同条款，如偿付利息或本金发生违约或逾期等；

（3）债权人出于经济或法律等方面因素的考虑，对发生财务困难的债务人作出让步；

（4）债务人很可能倒闭或进行其他财务重组；

（5）因发行方发生重大财务困难，该金融资产无法在活跃市场继续交易；

（6）无法辨认一组金融资产中的某项资产的现金流量是否已经减少，但根据公开的数据对其进行总体评价后发现，该组金融资产自初始确认以来的预计未来现金流量确已减少且可计量，如该组金融资产的债务人的支付能力逐步恶化，或债务人所在国家或地区失业率提高、担保物在其所在地区的价格明显下降、所处行业不景气等；

（7）债务人经营所处的技术、市场、经济或法律环境等发生重大不利变化，使权益工具投资人可能无法收回投资成本；

（8）权益工具投资的公允价值发生严重或非暂时性下跌；

（9）其他表明金融资产发生减值的客观证据。

2. 金融资产减值损失的计量

（1）持有至到期投资、应收账款的减值损失的计量。

①持有至到期投资、应收账款以摊余成本后续计量，发生减值

时，将该金融资产的账面价值与预计未来现金流量现值之间的差额，确认为减值损失，计入当期损益。此类金融资产的预计现金流量现值，按照该金融资产的原实际利率折现确定，并考虑相关担保物的价值（取得和出售该担保物发生的费用要予以扣除）。

短期应收款项的预计未来现金流量与现值相差较小，在确定相关减值损失时，不对预计未来现金流量进行折现。

②对单项金额重大的金融资产应当单独进行减值测试，如有客观证据表明其已发生减值，应当确认减值损失，计入当期损益。对单项金额不重大的金融资产，可以单独进行减值测试，或包括在具有类似信用风险特征的金融资产组合中进行减值测试。

③对以摊余成本计量的金融资产确认减值损失后，如有客观证据表明该金融资产价值已恢复，且客观上与确认该损失后发生的事项有关（如债务人的信用评级已提高等），原确认的减值损失应予以转回，计入当期损益。但是，该转回后的账面价值不应当超过假定不计提减值准备情况下该金融资产在转回日的摊余成本。

④外币金融资产发生减值时，预计未来现金流量现值先按外币确定，在计量减值时再按资产负债表日即期汇率折成人民币反映的金额。该项金额小于相关外币金融资产以人民币反映的账面价值的部分，确认为减值损失，计入当期损益。

（2）可供出售金融资产。

①可供出售金融资产发生减值时，即使该金融资产没有终止确认，原直接计入所有者权益的因公允价值下降形成的累计损失，应当予以转出，计入当期损益。该转出的累计损失，等于可供出售金融资产的初始取得成本扣除已收回本金和已摊余金额、当前公允价值和原已计入损益的减值损失后的余额。

②对于已确认减值损失的可供出售债务工具，在随后的会计期间其公允价值已上升且客观上与确认原减值损失后发生的事项有关的，原确认的减值损失要予以转回，计入当期损益。

③可供出售的权益工具投资发生的减值损失，不得通过损益转

回。但是，在活跃市场中没有报价且其公允价值不能可靠计量的权益工具投资，或与该权益工具挂钩并须通过交付该权益工具结算的衍生金融资产发生的减值损失，不得转回。

【例3－39】某建筑公司20×7年6月1日从股票二级市场以每股17元的价格购入某上市公司股票10 000股，对上市公司无重大影响，该建筑公司作为可供出售金融资产进行管理并核算。

①20×7年12月31日，该股票市场价格为每股15元。该公司认为该股票的价格下跌为暂时的。

②20×8年8月1日，该公司收到查处，股票市场价格下降至每股8元。

③20×8年12月31日，该公司整改成功，股票市场价格上涨至每股13元。

该建筑公司的账务处理如下：

①20×7年6月1日购入股票。

借：可供出售金融资产——成本　　170 000

　贷：银行存款　　170 000

②20×7年12月31日，该股票市场价格为每股15元。

借：资本公积——其他资本公积　　20 000

　贷：可供出售金融资产——公允价值变动　　20 000

③20×8年8月1日，该上市公司受到查处，股票市场价格下降至每股8元。

借：资产减值损失　　90 000

　贷：资本公积——其他资本公积　　20 000

　　可供出售金融资产——公允价值变动　　70 000

④20×8年12月31日，股票市场价格上涨至每股13元。

借：可供出售金融资产——公允价值变动　　50 000

　贷：资本公积——其他资本公积　　50 000

（五）商誉减值的确认

企业合并所形成的商誉，至少应当在每年年度终了进行减值测试。商誉应当结合与其相关的资产组或者资产组组合进行减值测试。

在对包含商誉的相关资产组或者资产组组合进行减值测试时，如与商誉相关的资产组或者资产组组合存在减值迹象的，应当先对不包含商誉的资产组或者资产组组合进行减值测试，计算可收回金额，并与相关账面价值相比较，确认相应的减值损失，再对包含商誉的资产组或者资产组组合进行减值测试，比较这些相关资产组或者资产组组合的账面价值（包括所分摊的商誉的账面价值部分）与其可收回金额，如相关资产组或者资产组组合的可收回金额低于其账面价值的，应当按期差额确认商誉的减值损失，计入当期损益。

（六）其他资产减值的确认与核销

当资产存在减值迹象时，要估计其可收回金额。可收回金额要根据资产的公允价值减去处置费用后的净额与资产预计未来现金流量的现值两者之间较高者确定。处置费用包括与资产处置有关的法律费用、相关税费、搬运费以及为使资产达到可销售状态所发生的直接费用等。

可收回金额的计量结果表明，资产的可收回金额低于其账面价值的，应当将资产的账面价值减记至可收回金额，减记的金额确认为资产减值损失，计入当期损益，同时计提相应的资产减值准备。资产减值损失确认后，减值资产的折旧或者摊销费用应当在未来期间作相应调整，以使该资产在剩余使用寿命内系统地分摊调整后的资产账面价值（扣除预计净残值）。资产减值损失一经确认，在以后会计期间不得转回。

三、资产减值的账务处理

企业资产减值损失和计提资产减值准备通过“资产减值损失”科目进行核算，在“资产减值损失”下设“坏账准备”、“存货跌价准备”、“可供出售金融资产减值准备”、“长期股权投资减值准备”、“投资性房地产减值准备”、“固定资产减值准备”、“在建工程减值准备”、“工程物资减值准备”等科目进行明细核算。

第十四节　金融工具

金融工具，是指形成一个企业的金融资产，并形成其他单位的金融负债或权益工具的合同。金融工具包括金融资产、金融负债和权益工具。勘察设计行业金融资产包括现金、银行存款、应收账款、应收票据、股权投资和债券投资等；金融负债主要包括应付账款。

一、金融资产和金融负债的分类

根据勘察设计行业现有业务，将金融资产和金融负债划分为：持有至到期的投资；应收款项；可供出售金融资产；其他金融负债。

（一）持有至到期投资

持有至到期投资是指到期日固定、回收金额固定或可确定，且企业有能力持有至到期的非衍生金融资产。如：企业购买的国债等。

（二）应收款项

应收款项是指在活跃市场中没有报价、回收金额固定或可确定的非衍生金融资产。如：企业销售商品、提供劳务形成的应收款项和企业持有的其他债权等。

（三）可供出售金融资产

可供出售金融资产是指公允价值能够可靠计量的金融资产。如：股票投资、债券投资等。

（四）其他金融负债

其他金融负债是指没有划分为以公允价值计量且变动计入当期损益的金融负债。如：应付账款、长期借款等。

二、金融资产、金融负债的确认

（一）金融资产和金融负债的确认条件

企业成为金融工具合同的一方时，要确认一项金融资产或金融负债。

（二）金融资产的终止确认

金融资产的终止确认是指，将金融资产从企业的账户和资产负债表内予以转销。当企业收取金融资产现金流量的合同权利终止或金融资产已经转移时，终止确认金融资产。

（三）金融负债的终止确认

金融负债的终止确认是指，将金融负债从企业的账户和资产负债表内予以转销。当企业金融负债的现时义务全部或部分已经解除时，要终止确认金融负债或其一部分。

三、金融资产和金融负债的计量

（一）金融资产和金融负债的初始计量

初始确认金融资产或金融负债，按照公允价值计量。对于以公允价值计量且其变动计入当期损益的金融资产或金融负债，相关交易费用直接计入当期损益；其他类别的金融资产或金融负债，相关交易费用计入初始确认金额。

交易费用是指可直接归属于购买、发行或处置金融工具新增的外部费用，包括支付给代理机构、咨询公司、券商等的手续费和佣金及其他必要支出。

（二）金融资产的后续计量

1. 持有至到期的投资、应收款项，采用实际利率法按摊余成本计量。

2. 可供出售的金融资产，按照公允价值计量，且不扣除将来处置该金融资产时可能发生的交易费用。

实际利率法是指按照金融资产或金融负债的实际利率计算其摊

余成本及各期利息收入或利息费用的方法。

实际利率是指将金融资产或金融负债在预期存续期间或适用的更短期间内的未来现金流量，折现为该金融资产或金融负债当前账面价值所使用的利率。企业要在初始确认以摊余成本计量的金融资产时，计算确定实际利率，并在金融资产存续期间保持不变。

金融资产和金融负债的摊余成本是指该金融资产或金融负债的初始确认金额经下列调整后的结果：①扣除已偿还的本金；②加上或减去采用实际利率法将该初始确认金额与到期日金额之间的差额进行摊销形成的累计摊销额；③扣除已发生的减值损失。

【例3-40】 20×5年1月1日，某设计企业购买三年期企业债券，支付价款90万元，面值100万元，票面年利率为4.5%，每年支付利息4.5万元，本金到期一次支付。

该设计企业账务处理如下（表3-9）：

$$4.5\times(1+R)^{-1}+4.5\times(1+R)^{-2}+(4.5+100)\times(1+R)^{-3}=90$$

实际利率：R=5%

表3-9

单位：万元

年　份	期初摊余成本	实际利率5%	现金流入	期末摊余成本
20×5年	90	4.5	4.5	90
20×6年	90	4.5	4.5	90
20×7年	90	4.5	94.5	0

①20×5年1月1日，购入债券。

借：持有至到期投资——成本　　1 000 000

　　贷：银行存款　　900 000

　　　　持有至到期投资——利息调整　　100 000

②20×5年12月31日，收到利息。

借：应收利息　　45 000

　　贷：投资收益　　45 000

借：银行存款　　45 000

　　贷：应收利息　　45 000

③20×6 年 12 月 31 日，收到利息。

借：应收利息　　45 000

　　贷：投资收益　　45 000

借：银行存款　　45 000

　　贷：应收利息　　45 000

④20×7 年 12 月 31 日，收回本金及利息。

借：应收利息　　45 000

　　持有至到期投资——利息调整　　100 000

　　贷：投资收益　　145 000

借：银行存款　　1 045 000

　　贷：应收利息　　45 000

　　　　持有至到期投资——成本　　1 000 000

（三）金融负债的后续计量

1. 以公允价值进行后续计量的金融负债，其公允价值变动形成的利得或损失，计入当期损益。

2. 以摊余成本计量的金融负债，在摊销、终止确认时产生的利得或损失，计入当期损益。

第十五节　所得税

所得税包括企业以应纳税所得额为基础计算的境内和境外所得税额。

所得税会计核算采用资产负债表债务法核算。

企业在取得资产、负债时，要确定其计税基础。资产、负债的账面价值与其计税基础存在差异的，要确认所产生的递延所得税资产或递延所得税负债。当一项资产的账面价值小于其计税基础的，确认为递延所得税资产；账面价值大于计税基础的，确认为递延所得税负债。

一、计税基础

（一）资产的计税基础

资产的计税基础是指企业收回账面价值过程中，计算应缴纳所得税额时按照税法规定可以在应税利益中抵扣的金额，即一项资产在未来期间计税时按照税法规定可以税前扣除的金额。

1. 固定资产的计税基础

固定资产在初始计量时，计税基础与账面价值相同；固定资产的后续计量，因固定资产折旧年限、折旧方法与税法规定不同，计税基础与账面价值存在差异；因计提固定资产减值准备产生的计税基础与账面价值的差异，确认为递延所得税资产。

2. 无形资产的计税基础

目前在勘察设计行业纳入无形资产管理的主要为土地使用权、专利技术和应用软件。其计税基础按以下方式确认：

（1）自行开发的无形资产，无论研究阶段还是开发阶段发生的费用支出，全部确认为计税基础，可在税前扣除。

（2）以其他方式取得的无形资产，以入账价值为计税基础，不存在差异；其摊销年限与税法规定相同，计税基础与账面价值不存在差异。

（3）土地使用权以账面价值为计税基础，不存在差异。

（4）计提减值准备的无形资产，账面价值因计提减值准备而下降，而税法规定，资产的减值准备不能在税前扣除，因此资产的账面价值与计税基础产生差异，确认为递延所得税资产。

3. 其他资产的计税基础

其他资产，如：存货、应收账款、投资性房地产、可供出售金融资产等，初始以成本计量作为入账价值，与计税基础不存在差异。因计提资产减值准备产生计税基础与账面价值的差异，确认为递延所得税资产。

（二）负债的计税基础

负债的计税基础是指负债的账面价值减去未来期间计算应纳税所得额时按照税法规定可予抵扣的金额。

即：负债的计税基础 = 账面价值 - 未来期间按照税法规定可予税前扣除的金额

1. 预收账款的计税基础

预收账款的计税基础与账面价值相同，不确认差异。

2. 应付职工薪酬的计税基础

应付职工薪酬在会计准则与税法规定中存在的差异是要在发生当期进行纳税调整的，不存在暂时性差异。因此，应付职工薪酬的账面价值与计税基础相同。“应付福利费”、“职工教育经费”存在以前年度结余的企业，当年发生福利费或教育经费支出时，要先冲减以前年度结余，不得税前列支，待以前年度余额冲减完毕后，才可在当期按规定在税前列支。税法中规定了税前扣除标准的，按照会计准则规定计入成本费用支出的金额超过规定部分，进行纳税调整。

3. 其他负债的计税基础

其他负债项目，如：应交罚金、滞纳金等，税法规定不能在税前扣除，属于在发生当期进行纳税调整的项目，因此，该负债的账面价值等于计税基础。

二、暂时性差异

暂时性差异，是指资产或负债的账面价值与其计税基础之间的差额。主要包括：固定资产后续计量、无形资产后续计量、资产减值准备的提取等按会计准则和税法规定分别核算形成的差异。

按照暂时性差异对未来期间应税金额的影响，分为应纳税暂时性差异和可抵扣暂时性差异。

（一）应纳税暂时性差异

应纳税暂时性差异，是指在确定未来收回资产或清偿负债期间的应纳税所得额时，将导致产生应税金额的暂时性差异，该差异在未来期间转回时，会增加转回期间的应纳税所得额，即在未来期间不考虑该事项影响的应纳税所得额的基础上，由于该暂时性差异的转回，会进一步增加转回期间的应纳税所得额和应交所得税金额。在应纳税暂时性差异产生当期，确认相关的递延所得税负债。应纳税暂时性差异主要产生于：①资产的账面价值大于其计税基础；②负债的账面价值小于其计税基础。

（二）可抵扣暂时性差异

可抵扣暂时性差异，是指在确定未来收回资产或清偿负债期间的应纳税所得额时，将导致产生可抵扣金额的暂时性差异。该差异在未来期间转回时会减少转回期间的应纳税所得额，减少未来期间的应交所得税。可抵扣暂时性差异产生于：①资产的账面价值小于其计税基础；②负债的账面价值大于其计税基础，负债产生的暂时性差异实质上是税法规定就该项负债可以在未来期间税前扣除的金额。

即：负债产生的暂时性差异 = 账面价值 - 计税基础

（三）特殊项目产生的暂时性差异

1. 未作为资产、负债确认的项目产生的暂时性差异。某些交易或事项发生以后，因不符合资产、负债的确认条件而未体现为资产负债表中的资产或负债，但按照税法规定能够确定其计税基础，其账面价值与计税基础之间的差异也构成暂时性差异。例如，企业发生的筹建费用，按照会计准则的规定，在发生时一次计入当期损益，不体现为资产负债表中的资产。按照税法规定，筹建费用应在经营活动开始后的 5 年内分期摊销。该类事项因会计准则要求与税法规定的计税基础不同形成的差异形成暂时性差异。

2. 可抵扣亏损及税款抵减产生的暂时性差异。按照税法规定可以结转以后年度的未弥补亏损及税款抵减项目，视同可抵扣暂时性差异。

三、递延所得税负债的确认和计量

（一）递延所得税负债的确认

1. 企业应当将当期和以前期间应交未交的所得税确认为负债。存在应纳税暂时性差异，应当确认递延所得税负债。

【例3－41】 某设计企业20×1年12月购入检测设备一台，成本为32万元，预计使用5年，预计净残值为零。会计核算采用直线法计提折旧。根据税收政策，该设备可采用双倍余额递减法计提折旧并在税前扣除，相关计算如表3－10所示。

表3－10　　　　　　　　　　　　　　　　　　　　单位：元

	20×2年	20×3年	20×4年	20×5年	20×6年
实际成本	320 000	320 000	320 000	320 000	320 000
累计会计折旧	64 000	128 000	192 000	256 000	320 000
账面价值	256 000	192 000	128 000	64 000	0
累计计税折旧	128 000	204 800	250 880	285 440	320 000
计税基础	191 100	115 200	69 120	34 560	0
暂时性差异	64 900	76 800	58 880	29 440	0
适用税率	25%	25%	25%	25%	25%
递延所得税负债	16 225	19 200	14 720	7 360	0

该设计企业账务处理：

①20×2年资产负债表日。

借：所得税费用　　　　　　　　　　　　16 225

　　贷：递延所得税负债　　　　　　　　　　16 225

②20×3年资产负债表日。

借：所得税费用　　　　　　　　　　　　2 975

贷：递延所得税负债　　　　　　　　　　2 975

③20×4 年资产负债表日。

借：递延所得税负债　　　　　　　　4 480

贷：所得税费用　　　　　　　　　　4 480

④20×5 年资产负债表日。

借：递延所得税负债　　　　　　　　7 360

贷：所得税费用　　　　　　　　　　7 360

⑤20×5 年资产负债表日。

借：递延所得税负债　　　　　　　　7 360

贷：所得税费用　　　　　　　　　　7 360

2. 不确认递延所得税负债的情况：

（1）商誉的初始确认。

（2）除企业合并以外的其他交易或事项中，如果该项交易或事项发生时既不影响会计利润，也不影响应纳税所得额，则所产生的资产、负债的初始确认金额与其计税基础不同，形成应纳税暂时性差异的，交易或事项发生时不确认相应的递延所得税负债。

3. 企业对与子公司、联营企业及合营企业投资相关的应纳税暂时性差异，应当确认相应的递延所得税负债。但是，同时满足下列条件的除外：

（1）投资企业能够控制暂时性差异转回的时间；

（2）该暂时性差异在可预见的未来很可能不会转回。

（二）递延所得税负债的计量

资产负债表日，对于递延所得税负债要根据税法的规定，按照预期收回该资产或清偿该负债期间的适用税率计量。

四、递延所得税资产的确认和计量

（一）递延所得税资产的确认

递延所得税资产产生于可抵扣暂时性差异。企业要以很可能取得用来抵扣可抵扣暂时性差异的应纳税所得额为限，确认由可抵扣暂时性差异产生的递延所得税资产。

【例 3－42】某设计企业 20×8 年资产负债表日固定资产预付账款 103 万元，其他应收款 2 370 万元，长期股权投资 2.64 亿元，根据会计政策的要求，该企业对上述三项资产分别计提坏账或减值准备 660 万元，并将所形成的可抵扣暂时性差异确认为递延所得税资产。该企业所得税税率为 25%。

该企业账务处理：

递延所得税资产确认额＝660×25%＝165（万元）

借：递延所得税资产　　1 650 000

　贷：所得税费用　　1 650 000

1. 递延所得税资产的确认以未来期间很可能取得的用来抵扣可抵扣暂时性差异的应纳税所得额为限。

2. 企业对与子公司、联营企业及合营企业投资相关的可抵扣暂时性差异，同时满足下列条件的，应当确认相应的递延所得税资产有：

（1）暂时性差异在可预见的未来很可能转回；

（2）未来很可能获得用来抵扣可抵扣暂时性差异的应纳税所得额。

3. 按照税法规定可以结转以后年度的未弥补亏损（可抵扣亏损）和税款抵减，视同可抵扣暂时性差异，在预计利用可弥补亏损或税款抵减的未来期间内很可能取得足够的应纳税所得额时，以很可能取得的应纳税所得额为限，确认相应的递延所得税资产，同时减少确认当期所得税费用。可抵减亏损是指企业按照税法规定准予用以后年度的应纳税所得弥补的亏损。

4. 不确认递延所得税资产的情况：企业发生的交易或事项不属于企业合并，且交易发生时既不影响会计利润，也不影响应纳税所得额，则该项交易中所产生的资产、负债的初始确认金额与其计税基础不同，产生可抵扣暂时性差异的，交易或事项发生时不确认相应的递延所得税资产。

（二）递延所得税资产的计量

递延所得税资产，以预期收回该资产期间的适用所得税税率为基础计算确定。

资产负债表日，对于递延所得税资产和递延所得税负债，应当根据税法规定，按照预期收回该资产或清偿该负债期间的适用税率计量。适用税率发生变化的，应对已确认的递延所得税资产和递延所得税负债进行重新计量，除直接在所有者权益中确认的交易或者事项产生的递延所得税资产和递延所得税负债以外，应当将其影响数计入变化当期的所得税费用。

（三）特别说明的事项

递延所得税资产和递延所得税负债的计量，应当反映资产负债表日企业预期收回资产或清偿负债方式的所得税影响，即在计量递延所得税资产和递延所得税负债时，应当采用与收回资产或清偿债务的预期方式相一致的税率和计税基础。

资产负债表日，企业应当对递延所得税资产的账面价值进行复核。如果未来期间很可能无法获得足够的应纳税所得额用以抵扣利用可抵扣暂时性差异带来的经济利益，应当减记递延所得税资产的账面价值。在很可能获得足够的应纳税所得额时，减记的金额应当转回。

五、所得税费用的确认和计量

（一）当期所得税费用

当期所得税费用是指企业按照税法规定计算确定的针对当期发生的交易和事项应交纳的所得税金额。

应纳税所得额 = 会计利润 + 按照会计准则规定计入利润表但计税时不允许税前扣除的费用 ± 计入利润表的费用与按照税法规定可予税前抵扣的金额之间的差额 ± 计入利润表的收入与按照税法规定应计入应纳税所得税额的收入之间的差额 − 税法规定不征税的收入 ± 其他调整因素

当期所得税 = 当期应交所得税 = 应纳税所得额 × 适用税率

（二）递延所得税

递延所得税是指当期应予确认的递延所得税资产和递延所得税负债在期末应有的金额相对于原已确认金额之间的差额，即递延所得税资产及递延所得税负债当期发生额的综合结果。

递延所得税 =（递延所得税负债的期末余额 - 递延所得税负债的期初余额）-（递延所得税资产的期末余额 - 递延所得税资产的期初余额）

企业当期所得税和递延所得税应当作为所得税费用或收益计入当期损益，但不包括下列情况产生的所得税：

1. 企业合并中取得的资产、负债，其账面价值与计税基础不同确认递延所得税的，该递延所得税不影响所得税费用。

2. 直接在所有者权益中确认的交易或者事项。与直接计入所有者权益的交易或者事项相关的当期所得税和递延所得税，应当计入所有者权益。

（三）所得税费用

利润表中应予确认的所得税费用为当期所得税和递延所得税之和。

即：所得税费用 = 当期所得税 + 递延所得税

【例 3-43】 某设计企业 20×8 年度利润总额 1 300 万元，适用税率为 25%，递延所得税资产和递延所得税负债没有期初余额。20×8年发生的交易或事项中，会计处理与计税基础存在差异的事项有：

①20×8 年度计提坏账准备 74.8 万元；计提长期股权投资减值准备 30 万元。

②20×8 年度向某企业提供捐赠 20.3 万元。

③20×8 年度收取国家大剧院设计收入 87.2 万元，按政策规定免税。

④20×8 年度发生业务招待费 706 万元，规定税前扣除额为

276 万元，应调增应纳税所得额 430 万元。

该设计企业账务处理：

应纳税所得额 =1 300 +20.3 +74.8 -87.2 +430

=1 737.9（万元）

应纳所得税额 =1 737.9 ×25% =434.48（万元）

递延所得税资产 =（74.8 +30）×25% =26.2（万元）

递延所得税负债 =0

递延所得税 =0 -26.2 = -26.2（万元）

所得税费用 =434.48 -26.2 =408.6（万元）

借：所得税费用　　　　4 086 000

　　递延所得税资产　　　262 000

　　贷：应交税金——应交所得税　　　4 348 000

第十六节　职工薪酬

职工薪酬，是指企业为获得职工提供的服务而给予各种形式的报酬以及其他相关支出。

职工包括：①企业订立劳动合同的所有人员，即：全职、兼职和临时职工；②未与企业订立劳动合同、但由企业正式任命的人员，如董事会成员、监事会成员等；③在企业的计划和控制下，虽未与企业订立劳动合同或未由其正式任命，但为其提供与职工类似的服务人员。

职工薪酬包括：①职工工资、奖金、津贴和补贴，包括：基本工资、薪级工资、奖金、加班工资、话费补助、书报费、副食补贴、住房补贴等；②职工福利费，包括职工餐厅的设备、餐厅人员工资、餐厅经费补贴、医务经费、职工困难补助、午餐补助、职工家属药费、洗理费、丧葬费、抚恤费、探亲路费等；③医疗保险费（含基本医疗保险和补充医疗保险）、养老保险费、失业保险费、工伤保险费和生育保险费等社会保险费，即按工资标准及国家规定的比例计算缴纳的“五项保险”；④住房公积金，即按工资标准及国家规定的比例计算缴纳的住房公积金；⑤工会经费和职工教育经费，在工资总额的2%和2.5%的额度内据实列支的用于职工文化生活和职业培训的支出；⑥非货币性福利，指企业以自己的产品或外购商品发放给职工为福利，提供给职工无偿使用自己拥有的资产或租赁资产供职工无偿使用，以低于成本的价格向职工出售住房，组织职工公费旅游等；⑦因解除与职工的劳动关系给予的补偿，即辞退福利；⑧其他与获得职工提供的服务相关的支出。

一、职工薪酬的确认和计量

（一）职工薪酬的确认

企业应当在职工为其提供服务的会计期间，将应付的职工薪酬确认为负债，除因解除与职工的劳动关系给予的补偿外，应当根据职工提供服务的受益对象，分别下列情况处理：

1. 应由生产产品、提供劳务负担的职工薪酬，计入产品成本或劳务成本。生产成本、提供劳务中的直接生产人员和直接劳务人员发生的职工薪酬，计入产品成本，但非正常消耗的生产人员和直接提供劳务人员的职工薪酬，在发生时计入当期损益。如：设计部门设计人员的薪酬应计入“劳务成本”。

2. 应由“在建工程”、“无形资产”负担的职工薪酬，计入建造固定资产或无形资产成本。其确认要根据《企业会计准则第4号——固定资产》和《企业会计准则第4号——无形资产》的规定计入在建工程成本或无形资产成本。

3. 其他职工薪酬，如：管理人员、董事会成员、监事会成员、不包含在1和2两项的工作人员的薪酬计入当期损益。

（二）职工薪酬的计量

1. 货币性职工薪酬

（1）企业为职工缴纳的医疗保险费、养老保险费、失业保险费、工伤保险费、生育保险费等社会保险费和住房公积金，在职工为其提供服务的会计期间，按规定比例计算，计入当期损益。

(2) 企业为职工支付的各项工资、奖金、加班费等国家没有规定计提标准的，按照实际发生数计入当期损益。

【例3-44】 某设计企业20×8年12月发放员工工资3 400万元，其中：职能部门管理人员工资419万元，科研人员奖金58万元，设计部门工资2 923万元；计提养老保险224.5万元，其中：职能部门24.7万元，设计部门199.8万元；计提失业保险19.3万元，其中：职能部门2.7万元，设计部门16.6万元；计提医疗保险127万元，其中：职能部门19.4万元，设计部门107.6万元；计提女工生育险9.7万元，其中：职能部门0.9万元，设计部门8.8万元；计提工伤险6.1万元，其中：职能部门0.6万元，设计部门5.5万元；计提住房公积金142万元，其中：职能部门15万元，设计部门127万元；计提住房补贴49.4万元，其中：职能部门1.8万元，设计部门47.6万元。该企业按工资总额的2%计提工会经费68万元。

该企业账务处理：

借：管理费用——职工薪酬	4 924 800	
研发支出——人工费	591 600	
劳务成本——职工薪酬	34 943 600	
贷：应付职工薪酬——工资		34 000 000
——社会保险		3 866 000
——住房公积金		1 420 000
——住房补贴		494 000
——工会经费		680 000

(3) 其他形式的职工薪酬。其他形式的职工薪酬主要体现为带薪缺勤。如：年休假、病假、短期伤残、婚假、产假、丧假、探亲假等，这部分带薪缺勤主要为非累积带薪缺勤，假期不能结转下期，当期的权力没有履行完，就予以取消。企业应在支付职工缺勤薪酬时确认应付工资，并计入当期成本或费用。

2. 非货币性职工薪酬

（1）以外购商品作为非货币福利提供给职工的，按照该商品的公允价值和相关税费，计量计入成本费用的“职工薪酬”。

（2）将拥有的房屋等资产无偿提供给职工使用的，要根据受益对象，将住房每期应计提的折旧计入相关资产（或劳务）成本或当期损益，同时确认应付职工薪酬；将租赁住房等资产供职工无偿使用的，按照受益对象，将每期应付的租金计入相关成本或当期损益，并确认应付职工薪酬。

（3）以培训班、研讨会、工作考察等名义组织的员工旅游活动，根据所发生全部费用，按照受益对象，计入相关成本或当期损益，并确认应付职工薪酬。

【例3-45】 某设计企业的一个设计部门，20×8年8月委托某旅行社组织员工分批到厦门休假，其间共发生住宿费、交通费等费用3.8万元，其中由个人承担1.2万元，将向个人收取，其余由单位承担。该费用已与旅行社办理结算。

该设计企业账务处理：

借：劳务成本——职工薪酬	26 000	
贷：应付职工薪酬——非货币福利		26 000
借：应付职工薪酬——非货币福利	26 000	
其他应收款	12 000	
贷：银行存款		38 000

（三）解除劳动关系补偿（即辞退福利）

职工辞退福利包括：①在职工劳动合同未到期前，不论职工本人是否愿意，企业决定解除与职工的劳动关系而给予的补偿；②在职工劳动合同尚未到期前，为鼓励职工自愿接受裁减而给予的补偿，职工有权利选择继续在职或接受补偿离职。

1. 职工辞退福利的确认

企业在职工劳动合同到期之前解除与职工的劳动关系，或者为鼓励职工自愿接受裁减而提出给予补偿的建议，确认因解除与职工的劳动关系给予补偿而产生的预计负债，同时计入“管理费用”。企业在已经制定正式的解除劳动关系计划或提出自愿裁减建议，并即将实施；同时企业不能单方面撤回解除劳动关系计划或裁减建议时确认辞退福利。

2. 辞退福利的计量

辞退福利的计量分为以下形式：

①对于职工没有选择权的辞退计划，根据计划条款规定拟解除劳动关系的职工数量、每一职工的辞退补偿等计提应付职工薪酬；

②对于自愿接受裁减的建议，因接受裁减的职工数量不确定，要根据预计将会接受裁减建议的职工数量和每一位职工的辞退补偿计提应付职工薪酬；

③实质性辞退工作在一年内实施完毕但补偿款项超过一年支付的辞退计划，要选择恰当的折现率，以折现后的金额计量计入当期管理费用的辞退福利金额，该金额与实际支付的辞退福利款项之间的差额，作为未确认的融资费用，在以后各期实际支付款项时，计入财务费用。

确认因辞退福利产生的预计负债时，借记“管理费用”、“未确认的融资费用”等科目，贷记“应付职工薪酬——辞退福利”科目；各期支付辞退福利款时，借记“应付职工薪酬——辞退福利”科目，贷记“银行存款”科目；同时，借记“财务费用”科目，贷记“未确认的融资费用”科目。

第十七节　生物资产

生物资产，是指有生命的动物和植物。生物资产分为消耗性生物资产、生产性生物资产和公益性生物资产。其中，消耗性生物资产，是指为出售而持有的、或在将来收获为农产品的生物资产，包括生长中的大田作物、蔬菜、用材林以及存栏待售的牲畜等；生产性生物资产，是指为产出农产品、提供劳务或出租等目的而持有的生物资产，包括经济林、薪炭林、产畜和役畜等；公益性生物资产，是指以防护、环境保护为主要目的的生物资产，包括防风固沙林、水土保持林和水源涵养林等。

目前勘察设计行业所属各企业持有的，用于庭院绿化、园林建设项目的林木资产，其属于消耗性生物资产的范畴，按照消耗性生物资产进行会计核算。

一、生物资产的确认和初始计量

（一）生物资产的确认

生物资产同时满足下列条件的，才能予以确认：

1. 企业因过去的交易或者事项而拥有或者控制该生物资产；
2. 与该生物资产有关的经济利益或服务潜能很可能流入企业；
3. 该生物资产的成本能够可靠地计量。

（二）生物资产的初始计量

生物资产按照成本进行初始计量。其中，外购生物资产的成本，包括购买价款、相关税费、运输费、保险费以及可直接归属于购买该资产的其他支出。

自行营造的林木类消耗性生物资产的成本，包括郁闭前发生的造林费、抚育费、营林设施费、良种试验费、调查设计费和应分摊的间接费用等必要支出。应计入生物资产成本的借款费用，按照《企业会计准则第 17 号——借款费用》处理。消耗性林木类生物资产发生的借款费用，应当在郁闭时停止资本化。

投资者投入生物资产的成本，应当按照投资合同或协议约定的价值确定，但合同或协议约定价值不公允的除外。

非货币性资产交换、债务重组和企业合并取得的生物资产的成本，应当分别按照《企业会计准则第 7 号——非货币性资产交换》、《企业会计准则第 12 号——债务重组》和《企业会计准则第 20 号——企业合并》确定。

因择伐、间伐或抚育更新性质采伐而补植林木类生物资产发生的后续支出，应当计入林木类生物资产的成本。

【例3-46】 某园林公司20×6年1月承揽一项园林设计及施工项目，为此先行购进松树苗300株，支付费用0.6万元；柳树苗200株，支付费用0.5万元；牡丹花400株，支付2万元；草皮1 000块，支付费用1万元以备用。同时发生运输费0.5万元；人工装卸费0.3万元。

该园林公司账务处理：

借：消耗性生物资产	49 000	
贷：银行存款		46 000
应付职工薪酬——工资		3 000

生物资产在郁闭后发生的管护费用等后续支出，应当计入当期损益。

【例3-47】 沿用【例3-46】中，园林公司为维护林木，发生机械使用费0.5万元；购入肥料及农药发生费用0.8万元；人工费1万元。

该园林公司账务处理：

借：管理费用	23 000	
贷：银行存款		8 000
应付职工薪酬——工资		10 000
累计折旧		5 000

二、生物资产的后续计量

每年年度终了企业要对消耗性生物资产进行检查，有确凿证据表明由于遭受自然灾害、病虫害、动物疫病侵袭或市场需求变化等原因，使消耗性生物资产的可变现净值低于其账面价值的，应当按照可变现净值低于账面价值的差额，计提生物资产跌价准备，计入当期损益。上述可变现净值，应当分别按照《企业会计准则第1号——存货》和《企业会计准则第8号——资产减值》确定。消耗性生物资产减值的影响因素已经消失的，减记金额应当予以恢复，并在原已计提的跌价准备金额内转回，转回的金额计入当期损益。

公益性生物资产不计提减值准备。

三、收获与处置

对于消耗性生物资产，要在消耗或出售时，按照其账面价值结转成本。结转成本的方法采用加权平均法。

生物资产改变用途后的成本，应当按照改变用途时的账面价值确定。

生物资产出售、盘亏或死亡、毁损时，应当将处置收入扣除其账面价值和相关税费后的余额计入当期损益。

第十八节　会计政策、会计估计变更和差错更正

一、会计政策变更及处理方法

（一）会计政策

会计政策，是指企业在会计确认、计量和报告中所采用的原则、基础和会计处理方法。

会计政策由企业（集团）统一制定，集团内各企业遵照执行。会计政策在每一会计期间和前后各期应当保持一致，不得随意变更。只有满足下列条件之一，可以变更会计政策：

1. 法律、行政法规或者国家统一的会计制度等要求变更；

2. 会计政策变更能够提供更可靠、更相关的会计信息。

（二）会计政策变更

会计政策变更是指企业对相同交易或者事项由原来的采用的会计政策改用另一会计政策的行为。

下列各项不属于会计政策变更：

1. 本期发生的交易或者事项与以前相比具有本质差别而采用新的会计政策。

2. 对初次发生的或不重要的交易或者事项采用新的会计政策。

（三）会计政策变更及处理方法

会计政策变更能够提供更可靠、更相关的会计信息的，应当采用追溯调整法处理，将会计政策变更累积影响数调整列报前期最早期初留存收益，其他相关项目的期初余额和列报前期披露的其他比较数据也应当一并调整，但确定该项会计政策变更累积影响数不切实可行的除外。

1. 追溯调整法

追溯调整法，是指对某项交易或事项变更会计政策，视同该项交易或事项初次发生时即采用变更后的会计政策，并以此对财务报表相关项目进行调整的方法。

会计政策变更累积影响数，是指按照变更后的会计政策对以前各期追溯计算的列报前期最早期初留存收益应有金额与现有金额之间的差额。

2. 未来适用法

确定会计政策变更对列报前期影响数不切实可行的，应当从可追溯调整的最早期间期初开始应用变更后的会计政策。在当期期初确定会计政策变更对以前各期累积影响数不切实可行的，应当采用未来适用法处理。

未来适用法，是指将变更后的会计政策应用于变更日及以后发生的交易或者事项，或者在会计估计变更当期和未来期间确认会计估计变更影响数的方法。

二、会计估计变更及处理方法

（一）会计估计

会计估计是指企业对结果不确定的交易或事项以最近可利用的信息为基础所做的判断。例如：坏账、陈旧过时的存货、应折旧资产的使用寿命等。

（二）会计估计变更

企业据以进行估计的基础发生了变化，或者由于取得新信息、积累更多经验以及后来的发展变化，可能需要对会计估计进行修订。会计估计变更的依据应当真实、可靠。

会计估计变更，是指由于资产和负债的当前状况及预期经济利益和义务发生了变化，从而对资产或负债的账面价值或者资产的定期消耗金额进行调整。

（三）会计估计变更的处理方法

企业对会计估计变更应当采用未来适用法处理。会计估计变更仅影响变更当期的，其影响数应当在变更当期予以确认；既影响变更当期又影响未来期间的，其影响数应当在变更当期和未来期间予以确认。

企业难以对某项变更区分为会计政策变更或会计估计变更的，应当将其作为会计估计变更处理。

三、前期差错更正

前期差错，是指由于没有运用或错误运用下列两种信息，而对前期财务报表造成省略或错报。(1) 编报前期财务报表时预期能够取得并加以考虑的可靠信息。(2) 前期财务报告批准报出时能够取得的可靠信息。前期差错通常包括计算错误、应用会计政策错误、疏忽或曲解事实以及舞弊产生的影响以及存货、固定资产盘盈等。

企业应当采用追溯重述法更正重要的前期差错，但确定前期差错累积影响数不切实可行的除外。

追溯重述法，是指在发现前期差错时，视同该项前期差错从未发生过，从而对财务报表相关项目进行更正的方法。

确定前期差错影响数不切实可行的，可以从可追溯重述的最早期间开始调整留存收益的期初余额，财务报表其他相关项目的期初余额也应当一并调整，也可以采用未来适用法。

企业应当在重要的前期差错发现当期的财务报表中，调整前期比较数据。

第四章
财务报表列报

财务报表是对企业财务状况、经营成果和现金流量的结构性表述，列报是指交易和事项在报表中的列示和在附注中的披露。财务报表包括“四表一注”，即资产负债表、利润表、现金流量表、所有者权益变动表以及附注。勘察设计行业财务报表由14项个别财务报表、4项合并财务报表、会计报表附注、财务情况说明书以及财务快报构成。

第一节 财务报表项目及编报时间

财务报表应当包括内部报表及外部报表，以及会计报表附注和财务情况说明书。内部报表是指按企业自身的管理要求编报的，外部报表是指企业按照相关管理部门要求编报的各项报表。

内部报表具体项目及编报时间规定如表4-1所示。

序号	报表编号	报表名称	编报期间
1	会01表	资产负债表	月、季、中期、年度
2	会02表	利润表	月、季、中期、年度
3	会03表	现金流量表	月、季、中期、年度
4	会04表	所有者权益变动表	年度
5	会01表附表1	资产减值准备明细表	年度
6	会01表附表2	固定资产明细表	中期、年度
7	会01表附表3	长期投资明细表	中期、年度
8	会01表附表6	应付职工薪酬明细表	月、季、中期、年度
9	会02表附表1	成本支出明细表	月、季、中期、年度
10	会02表附表2	费用明细表	月、季、中期、年度
11	内财01表	下属公司经营目标完成情况表	季、中期、年度
12	内财02表	内部交易表	月、季、中期、年度

续表

序号	报表编号	报表名称	编报期间
13	会合01表	合并资产负债表	年度
14	会合02表	合并利润表	年度
15	会合03表	合并现金流量表	年度
16	会合04表	合并所有者权益变动表	年度
17	财务快报01表	财务快报	月

第二节　个别财务报表格式及编报说明

个别财务报表时由企业在自身会计核算基础上对账簿记录进行加工而编制的财务报表，主要反映企业自身的财务状况、经营成果和现金流量情况。

一、资产负债表

资产负债表是反映企业一特定日期全部资产、负债和所有者权益的情况。

（一）报表格式（表4－2）

（二）编制方法

本表“年初余额”栏内各项数字，应根据上年年末资产负债表“期末余额”栏内所列数字填列。如果上年度资产负债表规定的各个项目的名称和内容同本年度不相一致，应对上年年末资产负债表各项目的名称和数字按照本年度的规定进行调整，填入本表“年初余额”栏内。

本表“期末数”栏内各项数字，应当根据资产、负债和所有者权益期末情况填列。

企业应依据本编制说明要求填列表中各项指标，编制说明中未

表 4－2

勘察设计行业资产负债表

会 01 表

单位名称：　　　　年　月　日　　　　单位：元

资　　产	行次	期末数	年初数	负债及所有者权益	行次	期末数	年初数
流动资产				流动负债			
货币资金	1			短期借款	35		
交易性金融资产	2			交易性金融负债	36		
应收票据	3			应付票据	37		
应收账款	4			应付账款	38		
预付款项	5			预收款项	39		
应收股利	6			应付职工薪酬	40		
应收利息	7			其中：应付工资	41		
其他应收款	8			应付福利费	42		
存货	9			应交税费	43		
其中：原材料	10			其中：应交税金	44		
库存商品（产成品）	11			应付股利	45		
一年内到期的非流动资产	12			其他应付款	46		
其他流动资产	13			一年内到期的非流动负债	47		
流动资产合计	14	—	—	其他流动负债	48		
非流动资产				流动负债合计	49	—	—
可供出售金融资产	15						

续表

资　　产	行次	期末数	年初数	负债及所有者权益	行次	期末数	年初数
持有至到期投资	16			非流动负债			
长期股权投资	17			长期借款	50		
投资性房地产	18			长期应付款	51		
固定资产原价	19			预计负债	52		
减：累计折旧	20			递延所得税负债	53		
固定资产净值	21			其他非流动负债	54		
减：固定资产减值准备	22			非流动负债合计	55	—	—
固定资产净额	23						
工程物资	24			负债合计	56	—	—
在建工程	25						
固定资产清理	26			所有者权益			
无形资产	27			实收资本	57		
长期待摊费用	28			资本公积	58		
生产性生物资产	29			盈余公积	59		
商誉	30			未分配利润	60		
递延所得税资产	31						
其他非流动资产	32			所有者权益合计	61	—	—
非流动资产合计	33	—	—				
资产总计	34	—	—	负债及所有者权益总计	62	—	—

财务负责人：　　　　制表人：　　　　年　月　日

作解释的内容以目前所执行的会计准则为依据。

（三）表内有关指标填报说明

货币资金：反映企业库存现金、银行结算户存款、外埠存款、银行定期存款、保证金存款等的合计数。本项目应根据“现金”、“银行存款”、“其他货币资金”科目的期末余额合计填列。

交易性金融资产：反映企业持有的以公允价值计量且其变动计入当期损益的为交易目的所持有的债券投资、股票投资、基金投资、权证投资等金融资产，根据“交易性金融资产”科目的期末余额填列。

应收票据：反映企业收到的未到期收款也未向银行贴现的应收票据，包括商业承兑汇票和银行承兑汇票。本项目应根据“应收票据”科目的期末余额填列，已向银行贴现和已背书转让的应收票据不包括在本项目内。

应收股利：反映企业因股权投资而应收取的现金股利，企业应收其他单位的利润，也包括在本项目内。本项目应根据“应收股利”科目的期末余额填列。

应收账款：反映企业因销售商品、产品和提供劳务等而应向购买单位收取的各种款项，减去已计提的坏账准备后的净额。本项目应根据“应收账款”科目所属各明细科目的期末借方余额合计，减去“坏账准备”科目中有关应收账款计提的坏账准备期末余额后的金额填列。

其他应收款：反映企业对其他单位和个人的应收和暂付的款项，减去已计提的坏账准备后的净额。本项目应根据“其他应收款”科目的期末余额，减去“坏账准备”科目中有关其他应收款计提的坏账准备期末余额后的金额填列。

预付账款：反映企业预付给供应单位的款项。本项目应根据“预付账款”科目所属各明细科目的期末借方余额合计填列。如“预付账款”科目所属有关明细科目期末有贷方余额的，应在本表“应付账款”项目内填列。如“应付账款”科目所属明细科目有借方余额的，也应包括在本项目内。

存货：企业应根据原材料、库存商品、包装物、低值易耗品等存货相关科目的期末余额合计，减去“存货跌价准备”科目的期末余额后的净额填列。

一年内到期的非流动资产：反映企业将于一年内到期的非流动资产项目金额，本项目应根据有关科目的期末余额填列。

其他流动资产：反映企业除以上流动资产项目外的其他流动资产，本项目应根据有关科目的期末余额填列。如其他流动资产价值较大的，应在会计报表附注中披露其内容和金额。

可供出售金融资产：反映企业持有的以公允价值计量的可供出售的股票投资、债券投资等金融资产。企业应根据“可供出售金融资产”科目的期末余额，减去“可供出售金融资产减值准备”科目期末余额后的金额填列。

持有至到期投资：反映企业持有的以摊余成本计量的持有至到期投资。本项目应根据“持有至到期投资”科目的期末余额，减去“持有至到期投资减值准备”科目余额后的金额填列。

长期股权投资：反映企业权益性投资额。本项目应根据“长期股权投资”科目的期末余额。减去“长期投资减值准备”科目期末余额后的净额填列。

投资性房地产：反映企业持有的投资性房地产。采用成本模式计量的投资性房地产的，应根据“投资性房地产”科目的期末余额，减去“投资性房地产累计折旧”和“投资性房地产减值准备”科目期末余额后的净额填列。

固定资产原价和累计折旧：这两个项目应根据“固定资产”科目和“累计折旧”科目的期末余额填列。

固定资产减值准备：反映企业计提的固定资产减值准备。本项目应根据“固定资产减值准备”科目的期末余额填列。

工程物资：反映企业各项工程尚未使用的工程物资的实际成本。本项目应根据“工程物资”科目的期末余额填列。

在建工程：反映企业期末各项未完工程的实际支出，本项目应根据“在建工程”科目的期末余额，减去“在建工程减值准备”科目期末余额后的金额填列。

固定资产清理：反映企业因出售、毁损、报废等原因转入清理但尚未清理完毕的固定资产的账面价值，以及固定资产清理过程中所发生的清理费用和变价收入等各项金额的差额。本项目应根据“固定资产清理”科目的期末借方余额填列；如“固定资产清理”科目期末为贷方余额，以“-”号填列。

无形资产：本项目应根据“无形资产”科目的期末余额，减去相应的“无形资产减值准备”、“累计摊销”科目期末余额的净额填列。

长期待摊费用：反映企业尚未摊销的摊销期限在1年以上（不含1年）的各种费用，如租入固定资产改良支出、大修理支出以及摊销期限在1年以上（不含1年）的其他待摊费用。本项目应根据“长期待摊费用”科目的期末余额填列。

递延所得税资产：反映企业确认的可抵扣暂时性差异产生的递延所得税资产。企业应根据“递延所得税资产”科目期末余额填列。

生产性生物资产：反映企业为产出农牧产品、提供劳务或出租等目的而持有的生产性生物资产。根据“生产性生物资产”科目的期末余额，减去“生产性生物资产累计折旧”和“生产性生物资产减值准备”科目期末余额后的金额填列。

其他长期资产：反映企业除以上资产以外的其他长期资产。本项目应根据有关科目的期末余额填列。如其他长期资产价值较大的，应在会计报表附注中披露其内容和金额。

短期借款：反映企业借入尚未归还的1年期以下（含1年）的借款。本项目应根据“短期借款”科目的期末余额填列。

交易性金融负债：反映企业承担的以公允价值计量且变动计入当期损益的为交易目的持有的金融负债。本项目根据“交易性金融负债”科目期末余额填列。

应付票据：反映企业为了抵付货款等而开出、承兑的尚未到期付款的应付票据，包括银行承兑汇票和商业承兑汇票。本项目应根据“应付票据”科目的期末余额填列。

应付账款：反映企业购买原材料、商品和接受劳务供应等而应付给供应单位的款项。本项目应根据“应付账款”科目所属各有关明细科目的期末贷方余额合计填列。如“应付账款”科目所属各明细科目期末有借方余额，应在本表“预付账款”项目内填列。

预收账款：反映企业预收购买单位的账款。本项目应根据“预收账款”科目所属各有关明细科目的期末贷方余额合计填列。

应付职工薪酬：反映企业根据有关规定应付给职工的工资、职工福利、社会保险费、住房公积金、工会经费、职工教育经费、非货币性福利、辞退福利等各种薪酬。本项目根据“应付职工薪酬”科目的期末余额填列。

应交税费：反映企业按照税法规定计算应计提的各种税费，包括增值税、营业税、所得税、城市维护建设税、土地使用税、教育费附加等。本项目应根据“应交税费”科目的期末贷方余额填列，如期末为借方余额，应以“-”号填列。

应付利润：反映企业应向股东分配的红利，根据“应付利润”科目的期末余额填列。

其他应付款：反映企业所有应付和暂收其他单位和个人的款项。本项目应根据“其他应付款”科目的期末余额填列。

其他流动负债：反映企业除以上流动负债以外其他流动负债。本项目应根据有关科目的期末余额填列，如其他流动负债价值较大的，应在会计报表附注中披露其内容及金额。

长期应付款：反映企业除长期借款和应付债券以外的其他各种长期应付款。本项目应根据“长期应付款”科目的期末余额，减去

"未确认融资费用"科目期末余额后的金额填列。

递延所得税负债：反映企业确认的应纳税暂时性差异产生的所得税负债，根据"递延所得税负债"科目期末余额填列。

其他非流动负债：反映企业除以上长期负债项目以外的其他长期负债。本项目应根据有关科目的期末余额填列。如其他长期负债价值较大的，应在会计报表附注中披露其内容和金额。上述长期负债各项目中将于1年内（含1年）到期的长期负债，应在"1年内到期的非流动负债"项目内单独反映。

实收资本：反映企业各投资者实际投入的资本总额。本项目应根据"实收资本"科目的期末余额填列。

资本公积：反映企业资本公积的期末余额。本项目应根据"资本公积"科目的期末余额填列。资本公积期末余额为负数的，以"-"号填列。

盈余公积：反映企业盈余公积的期末余额。本项目应根据"盈余公积"科目的期末余额填列。

未分配利润：反映企业尚未分配的利润。本项目应根据"本年利润"科目和"利润分配"科目的余额计算填列。未弥补的亏损，在本项目内以"-"号填列。

二、利润表

利润表是反映企业在一定会计期间经营成果的会计报表。

（一）报表格式（表4-3）

（二）编制方法

本表"本月数"栏反映各项目的本月实际发生数；"本年累计数"栏反映各项目自年初起至报告期末止的累计实际发生数。"上年累计数"，填列上年同期累计实际发生数。如果上年度利润表与本年度利润表的项目名称和内容不相一致，应对上年度利润表项目的名称和数字按本年度的规定进行调整，填入本表对应栏目。

表 4－3

勘察设计行业

利　润　表

会 02 表

单位名称：　　　　年　月　日　　　　单位：元

项　目	行次	本月数	本年累计数	上年同期数	上年同期累计数
一、营业收入	1				
其中：主营业务收入	2				
其他业务收入	3				
减：营业成本	4				
其中：主营业务成本	5				
其他业务成本	6				
营业税金及附加	7				
其中：主营业务税金	8				
其他业务税金	9				
销售费用	10				
管理费用	11				
财务费用	12				
其中：利息收入	13				

续表

项　　目	行次	本月数	本年累计数	上年同期数	上年同期累计数
资产减值损失	14				
加：公允价值变动收益（损失以“-”号填列）	15				
投资收益（损失以“-”号填列）	16				
二、营业利润	17				
加：营业外收入	18				
其中：非流动资产处置利得	19				
非货币性资产交换利得	20				
减：营业外支出	21				
其中：非流动资产处置损失	22				
非货币性资产交换损失	23				
三、利润总额	24				
减：所得税	25				
四、净利润	26				

财务负责人：　　　　制表人：　　　　年　月　日

（三）表内有关指标解释

营业收入：反映企业经营主要业务和其他业务所确认的收入总额。根据“主营业务收入”和“其他业务收入”科目的发生额分析填列。

主营业务收入：反映公司经营主要业务所取得的收入总额。本项目应根据“主营业务收入”科目的发生额分析填列。

营业成本：反映企业经营主要业务和其他业务所确认的成本总额。根据“主营业务成本”和“其他业务成本”科目的发生额分析填列。

主营业务成本：反映企业经营主要业务发生的实际成本。本项目应根据“主营业务成本”科目的发生额分析填列。

营业税金及附加：反映企业经营主要业务和其他业务所负担的营业税、消费税、城市维护建设税、资源税、土地增值税和教育费附加等。本项目应根据“营业务税金及附加”科目的发生额分析填列。

销售费用：反映企业在销售过程中发生的包装费等相关费用支出，以及专设的销售机构职工薪酬、业务费等经营费用。根据“销售费用”，“营业费用”等科目的发生额分析填列。

管理费用：反映公司发生的管理费用，本项目应根据“管理费用”科目的发生额分析填列。

财务费用：反映公司发生的财务费用。本项目应根据“财务费用”科目的发生额分析填列。若利息支出、利息收入、手续费支出、汇兑损益等财务费用各明细科目加总之和为负数的，以“－”号填列。

资产减值损失：反映企业各项资产发生的减值损失，根据“资产减值损失”科目发生额分析填列。

公允价值变动收益：反映企业按照相关准则应当计入当期损益的资产或负债公允价值变动净收益。根据“公允价值变动损益”科目发生额分析填列，如为净损失以“－”号填列。

投资收益：反映公司以各种方式对外投资所取得的收益。本项目应根据“投资收益”科目的发生额分析填列；如为投资损失，以“-”号填列。企业持有的交易性金融资产处置时，处置收益部分应当自“公允价值变动损益”项目转出，列入本项目。

营业外收入和营业外支出：反映公司发生的与经营活动无直接关系的各项收入和支出。这两个项目应分别根据“营业外收入”科目和“营业外支出”科目的发生额分析填列。

利润总额：反映公司实现的利润总额。如为亏损总额，以“-”号填列。

所得税：反映企业根据所得税准则确认的应从当期利润总额中扣除的所得税费用。本项目应根据“所得税”科目的发生额分析填列。

净利润：反映公司实现的净利润。如为净亏损，以“-”号填列。

三、现金流量表

现金流量表是反映企业一定会计期间现金和现金等价物的流入和流出的报表。

（一）报表格式（表4-4）

（二）编制方法

本表所指的现金，是指公司库存现金以及可以随时用于支付的存款，包括现金、可以随时用于支付的银行存款和其他货币资金。本表所指的现金等价物，是指公司持有的期限短、流动性强、易于转换为已知金额现金、价值变动风险很小的投资（除特别注明外，以下所指的现金均含现金等价物）。

（三）表内有关指标解释

销售商品、提供劳务收到的现金：反映企业本期销售商品、提供劳务收到的现金，以及前期销售商品、提供劳务本期收到的现金（包括销售收入和应向购买者收取的增值税销项税额）和本期预收

表 4－4

勘察设计行业
现金流量表

会 03 表

编制单位：　　　　年　月　　　　单位：元

项　　目	行次	本月数	本年累计数	上年同期累计数
一、经营活动产生的现金流量：				
销售商品、提供劳务收到的现金	1			
收到的税费返还	2			
收到的其他与经营活动有关的现金	3			
现金流入小计	**4**			
购买商品、接受劳务支付的现金	5			
支付给职工以及为职工支付的现金	6			
支付的各项税费	7			
支付的其他与经营活动有关的现金	8			
现金流出小计	**9**			
经营活动产生的现金流量净额	10			
二、投资活动产生的现金流量：				
收回投资所收到的现金	11	—		
取得投资收益所收到的现金	12			
处置固定资产、无形资产和其他长期资产所收回的现金净额	13			
处置子公司及其他营业单位收到的现金净额	14			
收到的其他与投资活动有关的现金	15			
现金流入小计	**16**			

续表

项　　目	行次	本月数	本年累计数	上年同期累计数
购建固定资产、无形资产和其他长期资产所支付的现金	17			
投资所支付的现金	18			
取得子公司及其他营业单位支付的现金净额	19			
支付的其他与投资活动有关的现金	20			
现金流出小计	**21**			
投资活动产生的现金流量净额	22			
三、**筹资活动产生的现金流量：**				
吸收投资所收到的现金	23			
借款所收到的现金	24			
收到的其他与筹资活动有关的现金	25			
现金流入小计	**26**			
偿还债务所支付的现金	27			
分配股利、利润或偿付利息所支付的现金	28			
支付的其他与筹资活动有关的现金	29			
现金流出小计	**30**			
筹资活动产生的现金流量净额	31			
四、汇率变动对现金及现金等价物的影响额	**32**			
五、现金及现金等价物净增加额	**33**			
加：期初现金及现金等价物余额	34			
六、期末现金及现金等价物余额	**35**			

财务负责人：　　　　制表人：　　　　年　月　日

的款项，减去本期销售本期退回的商品和前期销售本期退回的商品支付的现金。企业销售材料和代购代销业务收到的现金，也在本项目反映。本项目可以根据“库存现金”、“银行存款”、“应收账款”、“应收票据”、“预收账款”、“主营业务收入”、“其他业务收入”等科目的记录分析填列。

收到的税费返还：反映企业收到返还的增值税、营业税、所得税、消费税、关税和教育费附加返还款等各种税费。本项目可根据“库存现金”、“银行存款”、“营业税金及附加”、“应交税费”等科目分析填列。

收到其他与经营活动有关的现金：反映企业除上述各项目外，收到的其他与经营活动有关的现金。如收到的罚款收入、流动资产损失中由个人赔偿的现金收入等。收到的其他与经营活动有关的现金项目中如有价值较大的，应单列项目反映。本项目可以根据“营业外收入”、“库存现金”、“银行存款”、“其他应付款”等科目的记录分析填列。

购买商品、接受劳务支付的现金：反映企业本期购买商品、接受劳务实际支付的现金（包括增值税进项税额），以及本期支付前期购买商品、接受劳务的未付款项和本期预付款项，减去本期发生的购货退回收到的现金。本项目可根据“库存现金”、“银行存款”、“应付账款”、“应付票据”、“预付账款”、“生产成本”、“制造费用”等科目的记录分析填列。

支付给职工以及为职工支付的现金：反映企业实际支付给职工以及为职工支付的现金，包括本期实际支付给职工的工资、奖金、各种津贴和补贴等，和为职工支付的养老保险、失业保险、补充养老保险、住房公积金、支付给职工的住房困难补助、以及企业支付给职工或为职工支付的其他福利等相关职工薪酬。但应由在建工程、无形资产负担的职工薪酬以及支付的离退休人员的薪酬除外。本项目可根据“应付职工薪酬”、“库存现金”、“银行存款”等科目的记录分析填列。企业支付给离退休人员的费用，在“支付的其他与经营活动有关的现金”项目中反映。

支付的各项税费：反映企业本期发生并支付的税费、以及本期支付以前各期发生的以及预交的教育费附加、所得税、印花税、房产税、土地增值税、车船使用税、营业税等税费。本项目可根据“应交税金”、“库存现金”、“银行存款”等科目的记录分析填列。

支付的其他与经营活动有关的现金：反映企业除上述各项目外，支付的其他与经营活动有关的现金，如罚款支出、支付的差旅费、业务招待费、保险费等。支付的其他与经营活动有关的现金项目中如有价值较大的，应单列项目反映。本项目可根据有关科目的记录分析填列。

收回投资收到的现金：反映企业出售、转让或到期收回除现金等价物以外的交易性金融资产、可供出售金融资产、持有至到期投资、长期股权投资而收到的现金，以及收回债权投资本金而收到的现金。但债权性投资收回的利息以及收回的非现金资产，及处置子公司及其他营业单位收到的现金净额除外。本项目可根据“交易性金融资产”、“长期股权投资”、“持有至到期投资”、“库存现金”、“银行存款”等科目的记录分析填列。

取得投资收益收到的现金：反映企业因股权性投资而分得的现金股利，从子公司、联营企业或合营企业分回利润而收到的现金，以及因债权性投资而取得的现金利息收入，但股票股利除外。本项目可根据“库存现金”、“银行存款”、“投资收益”等科目的记录分析填列。

处置固定资产、无形资产和其他长期资产收回的现金净额：反映企业出售、报废固定资产、无形资产和其他长期资产所取得的现金（包括因资产毁损而收到的保险赔偿收入），减去为处置这些资产而支付的有关费用后的净额。若现金净额为负数，则应放在“支付的其他与投资活动有关的现金”栏目反映，本项目可根据“固定资产清理”、“库存现金”、“银行存款”等科目的记录分析填列。

处置子公司及其他营业单位收到的现金净额：反映企业处置子

公司及其他营业单位所取得的现金减去子公司或其他营业单位持有的现金和现金等价物以及相关处置费用后的净额。

收到其他与投资活动有关的现金：反映企业除上述各项外收到的其他与投资活动有关的现金流入。如收回购买股票和债券时，支付的已宣告发放但尚未领取的现金股利和已到付息期但尚未领取的债券利息等。本项目可根据有关科目的记录分析填列。

购建固定资产、无形资产和其他长期资产支付的现金：反映企业购买、建造固定资产、取得无形资产和其他长期资产所支付的现金及增值税款、支付的应由在建工程和无形资产负担的职工薪酬等，但不包括购建固定资产而发生的借款利息资本化的部分。企业以分期付款方式购建的固定资产，其首次付款支付的现金在本项目中反映，以后各期支付的现金在筹资活动产生的现金流量中反映。本项目可以根据“固定资产”、“无形资产”、“在建工程”、“库存现金”、“银行存款”等科目的记录分析填列。

投资支付的现金：反映企业取得的除现金等价物以外的权益性投资和债权性投资所支付的现金以及支付的佣金、手续费等附加费用。本项目可根据“交易性金融资产”、“持有至到期投资”、“可供出售金融资产”、“长期股权投资”、“银行存款”、“库存现金”等科目分析填列。

取得子公司及其他营业单位支付的现金净额：反映企业购买子公司及其他营业单位购买出价中以现金支付的部分，减去子公司或其他营业单位持有的现金和现金等价物后的净额。

支付其他与投资活动有关的现金：反映企业除上述各项目外支付的其他与投资活动有关的现金流出，其金额较大的应当单独列示。本项目可根据有关科目的记录分析填列。

吸收投资收到的现金：反映企业以发行股票、债券等方式筹集资金实际收到的款项，减去直接支付给金融企业的佣金、手续费、宣传费、咨询费、印刷费等发行费用后的净额。而以发行股票方式筹集资金由企业直接支付的审计、咨询等费用，在“支付的其他与筹资活动有关的现金”项目反映，不在本项目内反映。本项目可根据“实收资本”、“库存现金”、“银行存款”等科目的记录分析填列。

取得借款收到的现金：反映企业举借各种短期、长期借款而收到的现金。本项目可以根据“短期借款”、“长期借款”、“银行存款”等科目的记录分析填列。

收到的其他与筹资活动有关的现金：反映企业除上述各项目外，收到的其他与筹资活动有关的现金。收到的其他与筹资活动有关的现金项目中如有价值较大的，应单列列项反映。本项目可以根据相关科目的记录分析填列。

偿还债务支付的现金：反映企业偿还债务本金而支付的现金，包括偿还金融企业的借款本金、偿还债券本金等。本项目可以根据“短期借款”、“长期借款”、“银行存款”等科目的记录分析填列。

分配股利、利润或偿付利息支付的现金：反映企业实际支付的现金股利、支付给其他投资单位的利润或用现金支付的借款利息、债券利息。本项目可根据“应付利润”、“应付利息”、“财务费用”、“银行存款”等科目分析填列。

支付其他与筹资活动有关的现金：反映企业除上述项目外，支付的其他与筹资活动有关的现金流出，包括以发行股票、债券等方式筹集资金而由企业直接支付的审计和咨询等费用、为购建固定资产而发生的借款利息资本化部分、捐赠支出、融资租入固定资产所支付的租赁费、以分期付款方式购建固定资产以后各期支付的现金等。本项目可根据有关科目的记录分析填列。

汇率变动对现金的影响：反映企业外币现金流量及境外子公司的现金流量折算为人民币时，所采用的现金流量发生当日的汇率或平均汇率折算为人民币金额与“现金及现金等价物净增加额”中外币现金净增加额按期末汇率折算为人民币金额之间的差额。本项目根据企业本期发生的“财务费用”、“汇兑损益”等账户中与本期外币折算差额有关的项目分析填列。

四、所有者权益变动表

所有者权益变动表反映构成企业所有者权益（或股东权益）的各组成部分当期的增减变动情况的报表。本表应在一定程度上体现企业综合收益的特点，除列示直接计入所有者权益的利得和损失外，同时包含最终属于所有者权益变动的净利润，从而构成企业的综合收益。

（一）报表格式（表4－5）

（二）编制方法

本表各项目应当根据当期净利润、直接计入所有者权益的利得和损失项目、所有者投入资本和向所有者分配利润、提取盈余公积等情况分析填列。

（三）表内有关指标解释

上年年末余额：反映企业上年资产负债表中“实收资本”、“资本公积”、“盈余公积”、“未分配利润”等项目的年末余额。

会计政策变更：反映企业会计政策变更对期初所有者权益的累积影响金额。

前期差错更正：反映企业会计差错更正对期初所有者权益的累积影响金额。

本年年初余额：反映企业在上年年末所有者权益余额的基础上，经会计政策变更、前期差错更正等调整后得出的本年年初所有者权益余额，根据“盈余公积”、“利润分配”、“以前年度损益调整”等科目的发生额分析填列。

净利润：反映企业当年（或上年）实现的净利润金额，并对应“未分配利润”栏。

直接计入所有者权益的利得和损失：反映企业当年直接计入所有者权益的利得和损失。其中：

①可供出售金融资产公允价值变动净额：反映企业持有的可供出售资产当年公允价值变动的金额，对应列在“资本公积”栏。

表 4-5

勘察设计行业
所有者权益变动表

会 04 表

编制单位： 年 月 日 单位：元

项目	行次	本年金额						上年金额					
		实收资本	资本公积	盈余公积	未分配利润	其他	所有者权益合计	实收资本	资本公积	盈余公积	未分配利润	其他	所有者权益合计
栏次	—	1	2	3	4	5	6	7	8	9	10	11	12
一、上年年末余额	1												
1. 会计政策变更	2												
2. 前期差错更正	3												
二、本年年初余额	4												
三、本年增减变动金额（减少以“-”号填列）	5												
（一）本年净利润	6												
（二）直接计入所有者权益的利得和损失	7												
1. 可供出售金融资产公允价值变动净额	8												

续表

项目	行次	本年金额						上年金额					
		实收资本	资本公积	盈余公积	未分配利润	其他	所有者权益合计	实收资本	资本公积	盈余公积	未分配利润	其他	所有者权益合计
2. 权益法下被投资单位其他所有者权益变动的影响	9												
3. 与计入所有者权益项目相关的所得税影响	10												
4. 其他	11												
净利润及直接计入所有者权益的利得和损失小计	12												
（三）所有者投入和减少资本	13												
1. 所有者投入资本	14												
2. 股份支付计入所有者权益的金额	15												
3. 其他	16												
（四）利润分配	17												
1. 对所有者的分配	18												

续表

项目	行次	本年金额						上年金额					
		实收资本	资本公积	盈余公积	未分配利润	其他	所有者权益合计	实收资本	资本公积	盈余公积	未分配利润	其他	所有者权益合计
2. 提取盈余公积	19												
（五）所有者权益内部结转	20												
1. 资本公积转增资本	21												
2. 盈余公积转增资本	22												
3. 盈余公积弥补亏损	23												
4. 其他	24												
四、本年年末余额	25												

财务负责人：　　　　制表人：　　　　年　月　日

②权益法下被投资单位其他所有者权益变动的影响：反映企业对按照权益法核算的长期股权投资，在被投资单位除当年实现的净损益以外其他所有者权益当年变动中应享有的份额，对应列在“资本公积”栏。

③与计入所有者权益项目相关的所得税影响：反映企业根据《企业会计准则第18号——所得税》规定应计入所有者权益项目的当年所得税影响金额，对应列在“资本公积”栏。

所有者投入和减少资本：反映企业所有者投入的资本和减少的资本。其中：

①所有者投入资本：反映企业接受投资者投入形成的实收资本和资本溢价，对应列在“实收资本”和“资本公积”栏。

②股份支付计入所有者权益的金额：反映企业处于等待期中的权益结算的股份支付当年计入资本公积的金额，对应列在“资本公积”栏。

利润分配：反映企业当年对所有者分配的利润金额和按照规定提取的盈余公积金额，对应列在“未分配利润”和“盈余公积”栏。其中：

①对所有者的分配：反映企业对所有者分配的利润金额。

②提取盈余公积：反映企业按照规定提取的盈余公积。

所有者权益内部结转：反映不影响当年所有者权益总额的所有者权益各组成部分之间当年的增减变动。其中：

①资本公积转增资本：反映企业以资本公积转增资本的金额。

②盈余公积转增资本：反映企业以盈余公积转增资本的金额。

③盈余公积弥补亏损：反映企业以盈余公积弥补亏损的金额。

五、资产减值准备情况表

资产减值准备情况表反映按照企业会计政策的有关规定，计提的各项资产减值准备，以及各项减值准备的增减变动情况。

（一）报表格式（表4－6）

表 4－6

勘察设计行业

资产减值准备明细表

会 01 表附表 1

编制单位：　　　　　　年　月　日　　　　　　单位：元

项目	行次	年初余额	本期增加额			本期减少额				期末余额
			本年计提额	其他原因增加额	合计	因资产价值回升转回额	转销额	其他原因减少额	合计	
栏次	—	1	2	3	4	5	6	7	8	9
一、坏账准备	1									
其中：应收账款	2									
其他应收款	3									
二、存货跌价准备	4									
其中：库存商品	5									
原材料	6									
三、可供出售金融资产减值准备	7									
四、持有至到期投资减值准备	8									
五、长期股权投资减值准备	9					—				
六、投资性房地产减值准备	10					—				

续表

项目	行次	年初余额	本期增加额			本期减少额				期末余额
			本年计提额	其他原因增加额	合计	因资产价值回升转回额	转销额	其他原因减少额	合计	
七、固定资产减值准备	11					—				
其中：房屋、建筑物	12									
机器设备	13									
八、工程物资减值准备	14					—				
九、在建工程减值准备	15					—				
十、商誉减值准备	16					—				
十一、其他减值准备	17									
合计	18									

财务负责人：　　　　制表人：　　　　年　月　日

（二）编制方法

本表各项目应根据“坏账准备”、“存货跌价准备”、“可供出售金融资产减值准备”、“持有至到期投资减值准备”、“长期股权投资减值准备”、“投资性房地产减值准备”、“固定资产减值准备”、“在建工程减值准备”、“无形资产减值准备”等科目记录分析填列。

六、固定资产增减明细表

固定资产增减明细表反映企业本期内固定资产各类别明细项目的增减变动情况以及固定资产折旧及净额的增减变动情况。

（一）报表格式（表4－7）

表4－7　　　　勘察设计行业

固定资产明细表

会01表附表2

编制单位：　　　　　年　月　日　　　　　单位：元

项　目	行次	年初余额	本期发生额		本年累计发生额		年末余额
			本期增加	本期减少	累计增加	累计减少	
栏　次	—	1	2	3	4	5	6
一、固定资产原价							
土地	1						
房屋、建筑物	2						
交通工具	3						
电子设备	4						
工器具及家具	5						
机械及其他设备	6						
融资租入固定资产	7						
固定资产原价合计	8						
二、累计折旧							
土地	9						

续表

项　　目	行次	年初余额	本期发生额		本年累计发生额		年末余额
			本期增加	本期减少	累计增加	累计减少	
房屋、建筑物	10						
交通工具	11						
电子设备	12						
工器具及家具	13						
机械及其他设备	14						
融资租入固定资产	15						
累计折旧合计	**16**						
三、固定资产减值准备合计							
土地	17						
房屋、建筑物	18						
交通工具	19						
电子设备	20						
工器具及家具	21						
机械及其他设备	22						
融资租入固定资产	23						
固定资产减值准备合计	**24**						
四、固定资产净额							
土地	25						
房屋、建筑物	26						
交通工具	27						
电子设备	28						
工器具及家具	29						
机械及其他设备	30						
融资租入固定资产	31						
固定资产净额合计	**32**						

财务负责人：　　　　　　　　制表人：　　　　　　　　年　月　日

（二）编制方法

本表各项目可根据“固定资产”、“累计折旧”、“固定资产减值准备”等二级明细科目的记录分析填列。

七、长期投资明细表

长期投资明细表反映企业对外长期股权投资的基本情况和本期增减变动情况。

（一）报表格式（表4－8）

表4－8　　**勘察设计行业**

长期投资明细表

会01表附表3

编制单位：　　　　年　月　日　　　　单位：元

序号	被投资企业名称	投资成本	所占股权比例（%）	年初账面余额	本年增加额	本年减少额	期末余额	减值准备余额	本期实际收到投资收益	核算方法	备注
—	栏次	1	2	3	4	5	6	7	8	9	10
	小计										

财务负责人：　　　　制表人：　　　　年　月　日

（二）编制方法

本表各项目应根据“长期股权投资”、“长期股权投资减值准备”、“投资收益”等科目及被投资企业实际情况分析填列。

表内指标“本期实际收到投资收益”是反映企业本年实际从投资单位分回的利润、股利。

八、应付职工薪酬明细表

应付职工薪酬明细表反映企业应付职工薪酬构成情况，及本期计提和实际发放的职工薪酬变动额。

（一）报表格式（表4-9）

（二）编制方法

本表各项目根据“应付职工薪酬”各明细科目记录的情况分析填列。

九、成本支出明细表

成本支出明细表反映本期主营业务成本、其他业务成本以及营业外支出的实际发生情况。

（一）报表格式（表4-10）

表 4－9

勘察设计行业
应付职工薪酬明细表

会 01 表附表 4

编制单位：　　　　年　月　日　　　　单位：元

项目	行次	年初账面余额	本期增加额		本期支付额		期末账面余额
			本月数	年累计数	本月数	年累计数	
栏　次	—	1	2	3	4	5	6
一、工资总额	1						
二、职工福利费	2						
三、社会保险费	3						
其中：1. 医疗保险费	4						
2. 基本养老保险费	5						
3. 补充医疗保险	6						
4. 失业保险费	7						
5. 工伤保险费	8						
6. 生育保险费	9						
四、住房公积金	10						
五、住房补贴	11						
六、工会经费	12						
七、职工教育经费	13						
八、非货币性福利	14						
九、辞退福利	15						
十、其他	16						
合　计	17						

财务负责人：　　　　制表人：　　　　年　月　日

表 4－10　　勘察设计行业

成本、支出明细表

会 02 表附表 1

编制单位：　　年　月　　单位：元

项　　目	行次	本月数	本年累计数	项　　目	行次	本月数	本年累计数
一、主营业务成本				**二、其他业务成本**			
职工薪酬	1			职工薪酬	21		
维修费	2			折旧	22		
水电费	3			库存商品	23		
劳保	4			材料费	24		
办公费	5			咨询劳务	25		
折旧	6			低值易耗品	26		
交通费	7			资料费	27		
邮电通讯费	8			其他	28		
低值易耗品摊销	9			**其他业务支出合计**	**29**		
咨询顾问费	10			**营业成本总计**	**30**		
会议费	11						
资料费	12			**三、营业外支出**			
差旅费	13			盘亏损失	31		
出国费	14			非流动资产处置损失	32		
制作费	15			公益捐赠	33		
制图费	16			非常损失	34		
模型费	17			处置无形资产净损失	35		
材料费	18			其他	36		
其他	19			**营业外支出合计**	**37**		
主营业务成本合计	**20**			**成本支出总计**	**38**		—

财务负责人：　　制表人：　　年　月　日

（二）编制方法

本表各项目根据“劳务成本”、“其他业务成本”、“营业外支出”科目的二级明细科目实际发生额分析填列。其中“本年累计数”反映各项目自年初起至本月止的累计发生额。“上年同期累计数”反映各项目对应的上年同期月份的累计发生额。

十、费用明细表

费用明细表企业反映各项费用的实际支出情况。

（一）报表格式（表4－11）

表4－11　　勘察设计行业

费用明细表

会02表附表2

编制单位：　　年　月　　金额单位：元

项　目	行次	本月数	本年累计数	上年同月数	上年同期累计数
一、财务费用					
利息支出	1				
利息收入	2				
手续费支出	3				
汇兑损益	4				
财务费用合计	5				
二、营业费用					
职工薪酬	6				
运输费	7	—			
包装费	8				
保险费	9				
业务费	10				
折旧	11				
其他	12				

续表

项　　目	行次	本月数	本年累计数	上年同月数	上年同期累计数
营业费用合计	13		—		
三、管理费用					
职工薪酬	14				
离退休人员费用	15				
丧葬抚恤金	16				
残疾人保证金	17				
取暖费	18				
水电气费	19				
出国费	20				
宣传费	21				
折旧费	22				
税金	23				
劳保	24				
技术开发费	25				
业务招待费	26				
交通费	27				
邮电通讯费	28				
会议费	29				
低值易耗品摊销	30				
差旅费	31				
资料费	32				
绿化费	33				
咨询顾问费	34				
办公费	35				

续表

项　　目	行次	本月数	本年累计数	上年同月数	上年同期累计数
保险费	36				
维修费	37				
无形资产摊销	38				
物业管理费	39				
其他	40				
管理费用合计	**41**				
费用总计	**42**	—			—

财务负责人：　　　　　　　　制表人：　　　　　　　　年　月　日

（二）编制方法

本表各项目根据“财务费用”、“营业费用”、“管理费用”科目的二级明细科目实际发生额分析填列。其中“本年累计数”反映各项目自年初起至本月止的累计发生额。“上年同期累计数”反映各项目对应的上年同期月份的累计发生额。

第三节　合并财务报表格式及编报说明

合并财务报表，是指反映母公司和其全部子公司形成的企业集团整体财务状况、经营成果和现金流量的财务报表。

一、合并范围

合并财务报表的合并范围以控制为基础确定。控制是指一个企业能够决定另一个企业的财务和经营政策，并能据以从另一个企业的经营活动中获取利益的权利。当母公司直接或通过子公司间接拥有被投资单位半数以上的表决权时，表明母公司能够控制被投资单位，该被投资单位认定为子公司，纳入合并财务报表的合并范围。

二、合并财务报表的编制程序

编制合并财务报表，需要完成以下程序：

（一）编制合并工作底稿

在合并工作底稿中，对母公司合资公司的个别财务报表各项目的金额进行汇总和抵消处理，最终计算得出合并财务报表各项目的合并金额。

（二）编制调整分录和抵消分录

在合并工作底稿中编制调整分录和抵消分录，将内部交易对合并财务报表有关项目的影响进行抵消处理。

（三）计算合并财务报表各项目的合并金额

在母公司和子公司个别财务报表各项目加总金额的基础上，分别计算出合并财务报表中各项资产、负债、所有者权益项目、收入项目和费用项目等的合并金额。其中：

1. 资产类项目，其合并金额根据该项目加总金额，加上该项目抵消分录有关的借方发生额，减去该项目抵消分录有关的贷方发生额计算确定。

2. 负债类各项目和所有者权益类项目，其合并金额根据该项目加总金额，减去该项目抵消分录有关的借方发生额，加上该项目抵消分录有关贷方发生额计算确定。

3. 有关收入类各项目和有关所有者权益各项目，其合并金额根据该项目加总金额，减去该项目抵消分录的借方发生额，加上该项目抵消分录的贷方发生额计算确定。

4. 有关费用类项目，其合并金额根据该项目加总金额，加上该项目抵消分录借方发生额，减去该项目抵消分录的贷方发生额计算确定。

（四）填列合并财务报表

根据合并工作底稿中计算出的资产、负债、所有者权益、收入、费用类以及现金流量表中各项目的合并金额，填列生成正式的合并财务报表。

三、合并财务报表格式及编报说明

（一）合并资产负债表

合并资产负债表是反映企业集团在某一特定日期财务状况的财务报表，由合并资产、负债和所有者权益各项目组成。

1. 报表格式（表4－12）

表4－12　　勘察设计行业

合并资产负债表

会合01表

单位名称：　　　　年　月　日　　　　单位：元

资　产	行次	期末数	年初数	负债及所有者权益	行次	期末数	年初数
流动资产				流动负债			
货币资金	1			短期借款	35		
交易性金融资产	2			交易性金融负债	36		
应收票据	3			应付票据	37		
应收账款	4			应付账款	38		
预付款项	5			预收款项	39		
应收股利	6			应付职工薪酬	40		
应收利息	7			其中：应付工资	41		
其他应收款	8			应付福利费	42		
存货	9			应交税费	43		
其中：原材料	10			其中：应交税金	44		
库存商品（产成品）	11			应付股利	45		

续表

资　　产	行次	期末数	年初数	负债及所有者权益	行次	期末数	年初数
一年内到期的非流动资产	12			其他应付款	46		
其他流动资产	13			一年内到期的非流动负债	47		
流动资产合计	14	—	—	其他流动负债	48		
非流动资产				流动负债合计	49	—	—
可供出售金融资产	15						—
持有至到期投资	16			非流动负债			
长期股权投资	17			长期借款	50		
投资性房地产	18			长期应付款	51		
固定资产原价	19			预计负债	52		
减：累计折旧	20			递延所得税负债	53		
固定资产净值	21			其他非流动负债	54		
减：固定资产减值准备	22			非流动负债合计	55		
固定资产净额	23						
工程物资	24			负债合计	56	—	—
在建工程	25						
固定资产清理	26			所有者权益			
无形资产	27			实收资本	57		
长期待摊费用	28			资本公积	58		
生产性生物资产	29			盈余公积	59		
商誉	30			未分配利润	60		

续表

资　　产	行次	期末数	年初数	负债及所有者权益	行次	期末数	年初数
递延所得税资产	31			归属于母公司所有者权益	61		
其他非流动资产	32			少数股东权益	62		
非流动资产合计	33	—	—	所有者权益合计	63	—	—
资产总计	34	—	—	负债及所有者权益总计	64	—	—

财务负责人：　　　　　　　制表人：　　　　　　　年　月　日

2. 编制说明

（1）按权益法调整对子公司的长期股权投资。在编制合并资产负债表时，要以母公司和其子公司的财务报表为基础，根据其他有关资料，按权益法调整对子公司的长期股权投资后，由母公司编制。

（2）对相关项目进行抵消处理。作为反映集团整体财务状况的合并资产负债表，必须将重复计算的因素剔除，进行抵消处理。需要进行抵消处理的项目有：

①长期股权投资与子公司所有者权益的抵消。编制合并财务报表时，在母公司和子公司财务报表数据相加的基础上，将母公司长期股权投资项目与子公司所有者权益项目予以抵消。子公司所有者权益中不属于母公司的份额后的余额，在合并财务报表中作为“少数股东权益”处理。在合并资产负债表中，“少数股东权益”项目在“所有者权益”项下单独列示。

②内部债权债务的抵消。母公司与子公司、子公司相互之间的债权和债务项目，是指母公司与子公司、子公司相互之间因销售商品、提供劳务以及发生结算业务等原因产生的应收账款与应付账款、应收票据与应付票据、预付账款与预收账款、其他应收款与其

他应付款、持有至到期投资与应付债券等项目。上述项目在编制合并资产负债表时应当予以抵消。

③存货价值中包含的未实现内部销售损益的抵消。在存货价值中包含的未实现内部销售损益是指由于集团内部商品购销、劳务提供活动所引起的。集团内部企业之间的商品销售活动实际上相当于企业内部物资调拨活动，既不会实现利润，也不会增加商品价值。因此，在编制合并资产负债表时，要将存货价值中包含的未实现内部销售损益予以抵消。编制抵消分录时，按照集团内部销售企业销售商品的销售收入，借记“营业收入”项目，按照销售企业销售该商品的销售成本，贷记“营业成本”项目，按照当期期末存货价值中包含的未实现内部销售损益的金额，贷记“存货”项目。

④内部固定资产交易的抵消。固定资产交易主要体现为企业将自身的固定资产出售给集团内部其他企业作为固定资产使用。从集团内部看，这一交易属于集团内部固定资产调拨，既不产生收益，也不会发生损失，固定资产及不增值也不减值。因此，要将销售企业因该内部交易所实现的固定资产处置损益予以抵消，同时将购买企业固定资产原价中包含的未实现内部损益的金额予以抵消。通过抵消后，使其在合并财务报表中该固定资产原价仍然以销售企业的原账面价值反映。

（二）合并利润表

合并利润表要以母公司与子公司的利润表为基础，在抵消母公司与子公司、子公司相互之间发生的交易对合并利润表的影响后，由母公司合并编制。

1. 报表格式（表4－13）

表4－13

勘察设计行业

合并利润表

会合02表

编制单位：　　　　年　月　　　　单位：元

项　　目	行次	本年发生数	上年发生数
一、营业收入	1		
其中：主营业务收入	2		
其他业务收入	3		
减：营业成本	4		
其中：主营业务成本	5		
其他业务成本	6		
营业税金及附加	7		
其中：主营业务税金	8		
其他业务税金	9		
销售费用	10		
管理费用	11		
财务费用	12		
其中：利息收入	13		
资产减值损失	14		
加：公允价值变动收益（损失以“－”号填列）	15		
投资收益（损失以“－”号填列）	16		
二、营业利润	17		
加：营业外收入	18		
其中：非流动资产处置利得	19		

续表

项　　目	行次	本年发生数	上年发生数
非货币性资产交换利得	20		
债务重组利得	21		
减：营业外支出	22		
其中：非流动资产处置损失	23		
非货币性资产交换损失	24		
债务重组损失	25		
三、利润总额	26		
减：所得税	27		
四、净利润	28		
减：少数股东损益	29		
五、归属于母公司所有者的净利润	30		

财务负责人：　　　　　　　　制表人：　　　　　　　　年　月　日

2. 编制说明

编制利润表时需要进行抵消处理的项目如下：

（1）内部收入和内部成本的抵消。

（2）购买企业内部购进商品作为固定资产、无形资产等资产使用时的抵消。

（3）内部营收款项计提坏账准备等减值准备的抵消。

（4）内部投资收益（利息收入）和利息费用的抵消。

（5）母公司和子公司、子公司相互之间持有对方长期股权投资的投资收益的抵消。

3. 子公司发生超额亏损在合并利润表中的反映

（三）合并现金流量表

合并现金流量表是综合反映母公司及其子公司组成的企业集团在一定会计期间现金和现金等价物流入和流出的报表。

1. 报表格式（表4－14）

表 4－14

勘察设计行业

合并现金流量表

会合 03 表

编制单位：　　　　年　月　　　　单位：元

项　　目	行次	本年数	上年同期数
一、经营活动产生的现金流量：			
销售商品、提供劳务收到的现金	1		
收到的税费返还	2		
收到的其他与经营活动有关的现金	3		
现金流入小计	**4**		
购买商品、接受劳务支付的现金	5		
支付给职工以及为职工支付的现金	6		
支付的各项税费	7		
支付的其他与经营活动有关的现金	8		
现金流出小计	**9**		
经营活动产生的现金流量净额	10		
二、投资活动产生的现金流量：			
收回投资所收到的现金	11		
取得投资收益所收到的现金	12		
处置固定资产、无形资产和其他长期资产所收回的现金净额	13		
处置子公司及其他营业单位收到的现金净额	14		
收到的其他与投资活动有关的现金	15		
现金流入小计	**16**		

续表

项　　目	行次	本年数	上年同期数
购建固定资产、无形资产和其他长期资产所支付的现金	17		
投资所支付的现金	18		
取得子公司及其他营业单位支付的现金净额	19		
支付的其他与投资活动有关的现金	20		
现金流出小计	**21**		
投资活动产生的现金流量净额	22		
三、筹资活动产生的现金流量：			
吸收投资所收到的现金	23		
借款所收到的现金	24		
收到的其他与筹资活动有关的现金	25		
现金流入小计	**26**		
偿还债务所支付的现金	27		
分配股利、利润或偿付利息所支付的现金	28		
支付的其他与筹资活动有关的现金	29		
现金流出小计	**30**		
筹资活动产生的现金流量净额	31		
四、汇率变动对现金及现金等价物的影响额	**32**		
五、现金及现金等价物净增加额	**33**		
加：期初现金及现金等价物余额	34		
六、期末现金及现金等价物余额	**35**		

财务负责人：　　　　制表人：　　　　年　月　日

2. 编制合并现金流量表进行抵消处理的项目

（1）企业集团当期以现金投资或收购股权增加的投资所产生的现金流向的抵消。

（2）企业集团内部当期取得投资收益收到的现金与分配股利、利润或偿付利息支付的现金的抵消。

（3）企业集团内部以现金结算债券与债务所发生的现金流量的抵消。

（4）企业集团内部当期销售商品所产生的现金流量的抵消。

（5）企业集团内部处置固定资产等收回的现金净额与构建固定资产等支付的现金的抵消。

（四）合并所有者权益变动表

合并所有者权益变动表是反映企业集团所有者权益的各组成部分当期的增减变动情况的财务报表。

1. 报表格式（表4－15）

2. 编制说明

合并所有者权益变动表要以母公司和子公司的所有者权益变动表为基础，在抵消母公司与子公司、子公司相互之间发生的内部交易对合并所有者权益变动表的影响后，由母公司编制。

编制合并所有者权益变动表是需要进行抵消的项目有：

（1）母公司对子公司的长期股权投资与母公司在子公司所有者权益中所享有的份额相互抵消。

（2）母公司与子公司、子公司相互之间持有对方长期股权投资的投资收益的抵消。

表 4－15

勘察设计行业
合并所有者权益变动表

会合 04 表

编制单位：　　　　　　　　　　年　月　日　　　　　　　　　　单位：元

项　目	行次	本年金额								上年金额							
		归属于母公司所有者权益						少数股东权益	所有者权益合计	归属于母公司所有者权益						少数股东权益	所有者权益合计
		实收资本	资本公积	盈余公积	未分配利润	其他	小计			实收资本	资本公积	盈余公积	未分配利润	其他	小计		
栏　次	—	1	2	3	4	5	6	7	8	9	10	11	12	13	14	15	16
一、上年年末余额	1																
1. 会计政策变更	2																
2. 前期差错更正	3																
二、本年年初余额	4																
三、本年增减变动金额（减少以“－”号填列）	5																
（一）本年净利润	6																
（二）直接计入所有者权益的利得和损失	7																

续表

项目	行次	本年金额								上年金额							
		归属于母公司所有者权益						少数股东权益	所有者权益合计	归属于母公司所有者权益						少数股东权益	所有者权益合计
		实收资本	资本公积	盈余公积	未分配利润	其他	小计			实收资本	资本公积	盈余公积	未分配利润	其他	小计		
栏次	—	1	2	3	4	5	6	7	8	9	10	11	12	13	14	15	16
1. 可供出售金融资产公允价值变动净额	8																
2. 权益法下被投资单位其他所有者权益变动的影响	9																
3. 与计入所有者权益项目相关的所得税影响	10																
4. 其他	11																
净利润及直接计入所有者权益的利得和损失小计	12																
（三）所有者投入和减少资本	13																
1. 所有者投入资本	14																
2. 股份支付计入所有者权益的金额	15																

续表

项目	行次	本年金额								上年金额							
		归属于母公司所有者权益						少数股东权益	所有者权益合计	归属于母公司所有者权益						少数股东权益	所有者权益合计
		实收资本	资本公积	盈余公积	未分配利润	其他	小计			实收资本	资本公积	盈余公积	未分配利润	其他	小计		
栏次	—	1	2	3	4	5	6	7	8	9	10	11	12	13	14	15	16
3. 其他	16																
（四）利润分配	17																
1. 对所有者的分配	18																
2. 提取盈余公积	19																
（五）所有者权益内部结转	20																
1. 资本公积转增资本	21																
2. 盈余公积转增资本	22																
3. 盈余公积弥补亏损	23																
4. 其他	24																
四、本年年末余额	25																

财务负责人：　　　　　　制表人：　　　　　　年　月　日

第四节　财务快报格式及编报说明

财务快报是市国资委统一要求的，按月反映企业经营成果和财务实际状况的报表。

表 4 – 16　　　　　　　　财　务　快　报

财务快 01 表

编制单位：　　　　　　　年　月　　　　　　　单位：万元

项　　目	行次	本月数	本年累计	上年同期
1. 营业收入	1			
其中：主营业务收入	2			
2. 营业成本	3			
其中：主营业务成本	4			
3. 营业税金及附加	5			
其中：主营业务税金及附加	6			
4. 销售费用	7			
5. 管理费用	8			
6. 财务费用	9			
其中：利息支出净额	10			
7. 资产减值损失	11			
8. 公允价值变动收益	12			
9. 投资收益	13			
10. 营业利润	14			
11. 营业外收入	15			

续表

项　　目	行次	本月数	本年累计	上年同期
其中：补贴收入	16			
12. 营业外支出	17			
13. 利润总额	18			
14. 净利润	19			
其中：归属于母公司所有者的净利润	20			
15. 职工薪酬	21			
其中：在岗职工工资总额	22			
福利及社会保险费用	23			
16. 在岗职工人数（人）	24			
17. 资产总额	25			
其中：流动资产	26			
其中：货币资金	27			
交易性金融资产	28			
应收账款净额	29			
存货	30			
其中：产成品	31			
18. 负债总额	32			
其中：流动负债	33			
银行借款	34			
其中：短期借款	35			
19. 所有者权益总额	36			
其中：归属于母公司的所有者权益总额	37			
20. 应交税费总额	38			

续表

项　　目	行次	本月数	本年累计	上年同期
21. 已交税费总额	39			
22. 固定资产投资额	40			
23. 增加值	41			
24. 工业总产值	42			
25. 工业销售产值	43			
26. 出口产品销售收入	44			
27. 新产品产值	45			
28. 计提折旧额	46			
29. 坏账准备	47			
30. 利润总额预算数	48			
31. 净利润预算数	49			

财务负责人：　　　　　　　制表人：　　　　　　　　年　月　日

1. 编报说明

（1）本表各项指标口径以新企业会计准则为依据，企业应依据本编制说明要求填列表中各项指标。

（2）表内“本月数”根据企业本月发生额填列。表内“本年累计”根据企业至本期末当年累计发生额或账面余额填列。表内“上年同期”根据企业至上年同期末累计发生额或账面余额填列。

2. 表内有关指标解释

（1）营业收入：反映企业经营主要业务和其他业务所确认的收入总额。根据“主营业务收入”和“其他业务收入”科目的发生额分析填列。

（2）营业成本：反映企业经营主要业务和其他业务所确认的成本总额。根据“主营业务成本”和“其他业务成本”科目的发生额分析填列。

（3）营业税金及附加：反映企业经营主要业务和其他业务所负担的营业税、城市维护建设税、教育费附加等。

（4）销售费用：反映企业在销售过程中发生的包装费等相关费用，以及专设的销售机构职工薪酬、业务费等费用。

（5）财务费用：反映企业为筹集生产经营所需资金等而发生的费用，其中："利息支出净额"项目需单独列示。"利息支出净额"是企业利息支出与利息收入的差额，指已扣减利息收入后计入财务费用的利息支出净额。

（6）资产减值损失：反映企业计提各项资产减值准备所形成的损失。

（7）公允价值变动收益：反映企业应当计入当期损益的资产或负债公允价值变动收益，如为净损失以"－"号填列。

（8）投资收益：反映企业投资收益扣除投资损失后的数额。本项目应根据"投资收益"科目发生额分析填列，如为投资损失，本项目以"－"号填列。

（9）利润总额：是指企业实现的利润总额，如为亏损总额，以"－"号填列。

（10）净利润：包括归属于母公司所有者的净利润和少数股东损益两部分内容，如为净亏损，以"－"号填列。其中："归属于母公司所有者的净利润"需单独列示。

（11）职工薪酬：反映企业在生产、经营和提供劳务活动中计提的各项直接和间接人工费用的总和，包括在职期间和离职后提供的全部货币性薪酬、非货币性福利及向职工配偶、子女或其他被赡养人提供的福利等，但不包含劳务外包费用。

（12）在岗职工工资总额：指企业负担的在岗职工的工资、奖金及津贴。

（13）福利及社会保险费用：反映企业在工资以外负担的从业人员取暖费、困难补助等福利和实际为员工缴纳的养老保险、医疗保险、失业保险、工伤保险和生育保险费用，以及企业在上缴给社会保险机构费用之外为从业人员支付的补充养老保险或储蓄性养老保险。

（14）在岗职工人数：是指人事关系或工资关系在本企业且实际从事生产经营活动的固定职工、劳动合同制职工的人数。

（15）交易性金融资产：反映企业持有的以公允价值计量且其变动计入当期损益的为交易目的所持有的债券投资、股票投资、基金投资、权证投资等金融资产。

（16）应收账款净额：企业应根据“应收账款”科目所属各明细科目的期末借方余额合计，减去相应“坏账准备”科目期末余额后的净额填列。

（17）存货：企业应根据存货相关科目的期末余额合计，减去“存货跌价准备”科目的期末余额后的净额填列。

（18）所有者权益总额：是指所有者在企业资产中享有的经济利益，包括归属于母公司所有者的权益总额和少数股东权益两部分内容。其中：“归属于母公司所有者的权益总额”需单独列示。

（19）应交税费总额：反映企业按照税法规定计算应缴纳的各种税费，包括增值税、营业税、企业所得税、城市维护建设税、房产税、土地使用税、车船使用税、教育费附加等。

（20）已交税费总额：反映企业实际缴纳的各种税费，包括增值税、营业税、企业所得税、城市维护建设税、房产税、土地使用税、车船使用税、教育费附加等。

（21）固定资产投资额：反映企业本年度新增固定资产投资总额，不包括企业以非货币交易换入和债务重组等方式取得的固定资产。本项目应根据“固定资产”、“在建工程”、“工程物资”等科目的借方发生额分析填列。

（22）增加值：反映企业生产过程中产出超过这一过程中间投入的价值，根据国家统计局有关规定按收入法计算，增加值为劳动者报酬、生产税净额、固定资产折旧和营业盈余四个部分之和。

劳动者报酬：指劳动者为企业提供服务获得的全部报酬。主要包括本年在成本费用中列支的工资（薪金）所得、职工福利费、社会保险费、公益金以及其他各种费用中含有和列支的个人报酬部分。

固定资产折旧：指企业当年提取的固定资产折旧。

生产税净额：指国家对企业生产、销售产品和从事生产经营活动所征收的各种税金、附加和规费扣除生产补贴后的净额。扣除内容主要有：国家财政对企业的政策性亏损补贴、价格补贴等生产补贴。

营业盈余：指企业本年营业的利润加补贴。

（23）工业总产值、工业销售产值、出口产品销售收入、新产品产值仅由工业企业分析填列。

（24）坏账准备：反映企业计提的坏账准备。本月数按本月计提的金额填列，不含转回（减少）金额。

（25）利润总额预算数：反映企业本月利润预算数和到本月累计利润的预算数，应当按照财务预算报告分析填列。12 月份的“利润总额预算数”本年累计数应等于企业财务预算报表中的“利润总额”本年预算数。

（26）净利润预算数：反映企业本月税后净利润预算数和到本月累计税后净利润的预算数，应当按照财务预算报告分析填列。12 月份的“净利润预算数”本年累计数应等于企业财务预算报表中的“净利润”本年预算数。